LES **FORÊTS**
DU **CANADA**

KEN FARR

PHOTOGRAPHIES DE **J. DAVID ANDREWS**

AUTRES PHOTOS DE

Lenard Sanders

Roberta Gal

David Barbour

Fitzhenry & Whiteside

Ressources naturelles Canada,
Service canadien des forêts,
Ottawa (Ontario)

Publié par Fitzhenry & Whiteside Limited, 195 Allstate Parkway, Markham (Ontario), L3R 4T8, et Ressources naturelles Canada, Service canadien des forêts, Ottawa, K1A 0E4, en collaboration avec Travaux publics et Services gouvernementaux Canada.

This book is published in English under the title The Forests of Canada.

Texte, recherche et développement : Ken Farr
Montage photographique : Ken Farr, Sandra Bernier et Roberta Gal
Photothèque : Francine Bérubé

Directrice de publication : Catherine Carmody
Traduction française et collaboration à l'édition : Denis Rochon
Traducteur-conseil : Marc Favreau
Révision anglaise : Catherine Carmody et Paula Irving
Collaboration à l'édition : Francine Bérubé

Conception graphique : Sandra Bernier
Mise en page : Sandra Bernier, Julie Piché, Francine Bérubé et Danielle Monette
Cartographie : Roberta Gal et Julie Piché

Données de catalogage avant publication de la Bibliothèque nationale du Canada

Farr, Ken (Kenneth), 1954-

Les forêts du Canada

Publ. aussi en anglais sous le titre : The forests of Canada.
Publ. en collab. avec : Fitzhenry & Whiteside
Comprend un index.
ISBN 0-660-96807-X
N° de cat. Fo42-336/2003F

1. Forêts – Canada.
I. Andrews, J. David, 1961- .
II. Service canadien des forêts.
III. Titre.

SD145.F47 2003   333.75'0971   C2003-980194-2

Photos de couverture : épinettes couvertes de lichens dans le parc national Fundy au Nouveau-Brunswick (ph. J. David Andrews); *rabat* : aulne rouge dans un marais côtier (ph. Roberta Gal).

 Imprimé sur papier recyclé

 IMPRIMÉ AU CANADA

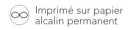 Imprimé sur papier alcalin permanent

TABLE DES MATIÈRES

« La nature a généreusement puisé dans ses richesses les plus grandioses pour former ce panorama étonnant. » (Susanna Moodie, à son arrivée au Canada en 1832. Tiré de *Roughing It in the Bush, or, Life in Canada*. Susanna Moodie, London: R. Bentley, 1852.)

PRÉFACE

En mots et en images, ce livre célèbre la variété, la majesté et le caractère individuel de chacune des forêts qui se retrouvent dans l'immense territoire canadien, de la plaine côtière au flanc des montagnes et du Grand Nord silencieux aux faubourgs animés des centres urbains. Il évoque la façon dont les Canadiennes et les Canadiens ont appris à vivre avec leurs forêts, à en prendre soin, à les aménager et à en profiter.

Aucune forêt ne constitue à elle seule la forêt canadienne typique. Il en existe au contraire plusieurs types. Elles diffèrent d'une région à l'autre et d'une période à l'autre de l'année. Chacune se distingue par sa taille et sa composition et possède son propre caractère esthétique. Chacune est reconnue comme telle par les citoyens qui l'habitent. Les forêts canadiennes représentent les variations intrinsèques de chaque région sur le plan du climat, de la biologie et de la géographie et qui définissent la nature fondamentale du Canada comme nation.

La forêt acadienne au crépuscule dans le parc national Fundy au Nouveau-Brunswick.

Il y a environ 18 000 ans, un court moment dans l'échelle géologique, il n'y avait pas de forêt au Canada. Le territoire était presque entièrement couvert par une immense chape glaciaire mouvante, épaisse par endroits de 2 km. Les glaciers avait broyé et raclé sur leur passage presque toute la végétation, exposant la roche nue du Bouclier précambrien. Ils avaient sculpté les vallées encaissées qu'on voit maintenant dans les chaînes de montagnes de l'Ouest, et déposé les sables, graviers, tills et argiles sur lesquels repose la majeure partie de la végétation actuelle.

Les conifères de la côte du Pacifique, les pins et les épinettes de la forêt boréale ainsi que les érables et les chênes des forêts feuillues de l'Est étaient alors absents de ce pays. Ces espèces s'étaient réfugiées au sud, dans les États-Unis actuels (Washington, Oregon, Kansas, Nebraska, Kentucky, Géorgie, Tennessee et Floride). Ils y attendaient la fin du long hiver glaciaire, remplacé à terme par un printemps interglaciaire.

Au Canada, la première terre à émerger de la glace fut la pointe la plus méridionale du pays, la péninsule du Sud-Ouest de l'Ontario, couverte, il y a 14 000 ans, d'une toundra subarctique ponctuée de bosquets d'épinettes. Mille ans plus tard, une forêt de conifères à couvert fermé commençait à se mettre en place. Celle-ci a été remplacée, il y a environ 11 000 ans, par une forêt mélangée comprenant des pins, des pruches et des feuillus. Les chênes, hêtres, ormes et érables sont venus 3 000 ans plus tard.

Les glaciers se sont retirés des Provinces maritimes il y a environ 11 000 ans et la forêt d'épinette et de bouleau a alors commencé à s'étendre depuis le Sud-Ouest.

En Colombie-Britannique, les glaciers ont commencé à fondre plus tard que dans l'Est, mais il y a 7 000 ans la côte sud de la partie continentale de cette province était déjà couverte d'une forêt ouverte de pin et de douglas. Quelque mille ans plus tard commençait la mise en place de la pruche de l'Ouest et du thuya géant comme espèces dominantes, et l'émergence de la forêt pluviale tempérée.

Dans le nord du Québec et au Labrador, les derniers glaciers continentaux ont disparu il y a environ 6 000 ans; il a fallu quelque 2 000 ans pour que les débuts d'une forêt d'épinette et de pin apparaissent dans la région. Ce n'est qu'il y a 3 000 ans que la forêt boréale a atteint sa limite la plus nordique. Faute de se régénérer après les incendies de forêt, elle a maintenant reculé de quelque 300 km.

De nos jours, la forêt couvre presque la moitié du Canada et s'étend sur 4,2 millions de kilomètres carrés d'un océan à l'autre. Dans le Sud-Ouest de l'Ontario, premier coin libéré des glaces, le couvert complexe de la forêt décidue comprend la dernière vague des arbres venus du Sud, c'est-à-dire les magnolias acuminés, sassafras, gainiers rouges et nyssas sylvestres. Mais on observe çà et là, relégués aux tourbières de marmites et aux basses terres humides, de petits peuplements d'épinette noire, restes possibles des toutes premières forêts postglaciaires ayant réoccupé les terres du futur Canada.

Aucun autre pays n'a sans doute été plus influencé par la forêt que le Canada. L'histoire, les modes de développement et le statut économique du pays sont, depuis 400 ans, directement influencés par les forêts. Bon nombre des villes et villages, y compris Ottawa, la capitale nationale, sont situés à des endroits stratégiques dans le contexte du

Transport de billes de bois équarries sur une rivière du Québec au 19e siècle.

développement forestier, qu'il s'agisse de l'accès aux forêts, du transport ou de la transformation du bois, ou encore de l'exportation des ressources forestières. L'histoire du Canada, c'est l'histoire de ses forêts.

Dès le début, les Canadiens ont exploité les forêts qui les entouraient. Les Autochtones abattaient les arbres pour construire leurs maisons et fabriquer leurs canots, et pour façonner divers outils de chasse, de pêche et d'agriculture. Leurs rapports avec les arbres avaient des dimensions culturelles et spirituelles qui influaient directement sur la composition et la distribution des forêts.

L'arrivée des Européens en Amérique du Nord a fait augmenter l'exploitation des ressources forestières. Au début, la petite population coloniale n'a défriché que de faibles superficies à des fins agricoles. Le bois n'était récolté que pour la consommation individuelle, c'est-à-dire pour s'abriter et se chauffer. Jusqu'au milieu du 18e siècle, l'exploitation et l'aménagement des forêts tenaient essentiellement du niveau de subsistance.

Tout au cours des 18e et 19e siècles, la croissance de la colonie a été accompagnée d'une forte expansion de l'exploitation commerciale des ressources forestières. Durant cette période, la récolte du bois se faisait sans aucune forme d'aménagement. Le bois constituait d'ailleurs la ressource parfaite pour l'époque. Il flottait et pouvait donc se transporter facilement par les rivières entre l'intérieur des terres et les ports d'exportation. Il servait à construire les navires qui l'emportaient vers l'Europe, et qui ramenaient des immigrants au retour. Au début du 19ᵉ siècle, les pièces de bois que fournissaient les forêts de l'Est du Canada ont pris une toute nouvelle importance avec les débuts de l'exploitation forestière à grande échelle. Le pin blanc, le plus grand arbre de l'Est de l'Amérique du Nord en taille et en volume, a joué un rôle clé dans cette ère nouvelle. Cette espèce a alors formé le cœur de l'économie des provinces, qui l'exportaient en Grande-Bretagne sous forme de grandes pièces équarries, et elle a permis l'essor de l'industrie canadienne de l'exploitation des ressources naturelles. À mesure que la population canadienne prenait de l'ampleur, l'industrie forestière s'est enrichie d'usines de transformation afin de traiter les arbres provenant du défrichement ou prélevés sur des terrains purement consacrés à la récolte du bois. Sur la côte du Pacifique, ce type d'exploitation forestière intensive est survenu un peu plus tard, au milieu du 19ᵉ siècle.

Vers la fin du 19ᵉ siècle, l'inquiétude générale concernant l'ampleur et la durabilité des récoltes de pin blanc dans l'Est du Canada ont mené directement à la création du Service fédéral des forêts. Cet organisme, qui deviendra le Service canadien des forêts, a été créé pour voir à la « préservation du bois des terres fédérales et l'application des politiques visant à encourager la sylviculture dans les districts déjà ouverts à la colonisation ». Les provinces se sont mises à établir des organismes de surveillance de la coupe du bois. La conservation, la protection et la propagation des forêts étaient maintenant à l'ordre du jour.

De 1920 à 1960, l'aménagement des forêts du Canada a continué à évoluer. À mesure que le Canada s'organisait et qu'il se transformait en société industrielle, l'industrie des ressources forestières prenait rapidement de l'expansion. Les gouvernements provinciaux ont alors accordé des permis à long terme d'aménagement forestier afin que l'approvisionnement en bois soit assuré. La gestion forestière à rendement soutenu était devenue l'option privilégiée.

Au cours des années 1960 et 1970, l'industrie des ressources forestières a pris de l'ampleur, car les débouchés pour le bois et le papier canadiens s'étendaient désormais au monde entier. Parallèlement, les Canadiens gagnaient en aisance et cherchaient à étendre leurs loisirs en exigeant que l'accès aux forêts leur soit accordé pour la pêche, la chasse et d'autres activités récréatives. Les gestionnaires forestiers ont donc dû adapter leur stratégie d'aménagement afin de tenir compte des multiples utilisations des forêts.

Au cours des décennies 1970 et 1980, cet aménagement forestier polyvalent a peu à peu évolué en gestion intégrée des ressources. La faune, l'hydrologie et la qualité de l'eau, les systèmes d'aménagement intégré des ravageurs, les valeurs non ligneuses et une grande variété de produits forestiers et de formes d'utilisation des terres ont été pris en compte dans l'aménagement des forêts du Canada. Les gestionnaires, les scientifiques et les techniciens travaillaient désormais ensemble pour mettre au point des plans d'aménagement forestier faisant appel à de nombreuses techniques.

Depuis 1990, l'aménagement forestier au Canada a subi de profonds changements dans ses objectifs et sa philosophie. L'aménagement durable des ressources forestières est devenu un objectif en soi et un repère essentiel dans l'évaluation de l'efficacité des

De bûcherons posent fièrement sur leur pile monumentale de 110 billes de bois dressée sur un seul traîneau, près de la rivière Whitefish en Ontario, en 1891.

Une femme déplace une bille de bois à l'aide d'une gaffe dans la forêt côtière de Colombie-Britannique en 1943.

L'innovation en foresterie commence souvent par une recherche en laboratoire quelque part au pays. On voit ci-dessus Deborah Buhlers dans une serre du Service canadien des forêts.

La planification méticuleuse des récoltes et l'emploi d'équipement spécialisé sont au cœur de l'aménagement forestier au Canada.

pratiques d'aménagement forestier. Les provinces canadiennes ont amendé leur législation afin que soient reconnus les diverses utilisations et les multiples avantages que les forêts peuvent apporter à tous les habitants du pays. À titre de mandataire de 10 % des forêts du monde, le Canada s'est engagé à faire preuve de leadership dans l'aménagement forestier en préservant la diversité biologique, la qualité écologique et l'étendue de ses forêts dans le cadre des besoins culturels et économiques des Canadiennes et des Canadiens, et de tous les citoyens du monde.

Innovation, partenariat et intendance mondiale

L'attitude du Canada devant sa problématique forestière se résume dans son engagement envers l'aménagement forestier durable. Cet engagement a été clairement exprimé dans la Stratégie nationale sur les forêts et dans l'Accord canadien sur les forêts. Ces documents attestent que l'objectif du Canada est de maintenir et d'améliorer à long terme la santé des écosystèmes canadiens au bénéfice de tous les organismes vivants, nationaux ou mondiaux, tout en profitant des possibilités environnementales, économiques, sociales et culturelles qui se présentent et qui peuvent avantager les générations présentes et futures.

La gestion et la participation communautaires sont des ingrédients essentiels du développement et de la mise à l'épreuve des nouvelles approches d'aménagement forestier. La mise en œuvre de programmes d'innovation qui encouragent les partenariats et le développement, tels que le Programme canadien de forêts modèles, est l'une des façons d'obtenir cet apport. Voué à la réalisation de l'aménagement forestier durable, ce programme comprend un réseau de 11 forêts modèles réparties dans l'ensemble du Canada.

Les forêts modèles ont comme objectif d'étendre la sensibilisation à la réalité forestière et d'amener les intervenants à se concerter pour trouver des solutions aux défis complexes du développement durable. Les collectivités et autres organisations autochtones, les gouvernements, l'industrie, les chercheurs et les organismes non gouvernementaux découvrent ensemble des solutions pratiques aux problèmes d'aménagement. Les forêts modèles canadiennes appuient la recherche en sciences et en technologie et font la promotion de la durabilité sur le plan social, environnemental et économique.

Le Programme forestier des Premières nations constitue un autre programme innovateur de l'aménagement des forêts au Canada. Son objectif est de venir en aide aux Autochtones dans l'aménagement de leurs ressources forestières et de favoriser l'emploi et le développement économique. Les forêts sont en effet de plus en plus importantes sur le plan économique pour les collectivités autochtones, dont la majorité sont situées dans des secteurs couverts de forêts productives. Les Premières nations interviennent activement dans l'aménagement, l'administration et la mise en œuvre du programme.

Le Canada a également démontré sur le plan international son engagement envers l'intendance des forêts et les pratiques d'aménagement forestier durable. En 1992, à la Conférence des Nations Unies sur l'environnement et le développement à Rio de Janeiro, au Brésil, le Canada était parmi la centaine de pays qui ont signé la Convention sur la diversité biologique, l'un des premiers pays industrialisés à le faire.

En outre, le Canada participe au Processus de Montréal, une initiative lancée par des pays non européens ayant en partage la forêt boréale et tempérée, afin de développer et de mettre en application des critères et indicateurs d'aménagement forestier durable.

En 1995, le Canada et 11 autres nations forestières se sont entendus sur un ensemble de 7 critères et de 67 indicateurs connexes.

Les produits de la technologie canadienne, comme cet avion amphibie Bombardier 415, ont fait progresser l'aménagement forestier au Canada et dans le monde entier.

Sciences et technologie forestières

Entre l'ère des inventaires forestiers à dos de cheval et l'analyse du couvert forestier par satellite, le Canada a fait un bond prodigieux dans ses possibilités scientifiques et technologiques en foresterie. Les avions-citernes amphibies viennent maintenant appuyer les équipes de suppression des incendies, ou les remplacent carrément, tandis que les images satellitaires et les statistiques sont partagées instantanément par Internet à l'ensemble du pays. Depuis plus d'une centaine d'années, les organismes de recherche forestière des gouvernements fédéral et provinciaux, les universités, les instituts de recherche industrielle, les réseaux d'excellence et l'industrie forestière ont produit des travaux scientifiques de classe mondiale visant à améliorer l'aménagement et la condition sanitaire des forêts.

On peut décrire les forêts du Canada selon les trois grandes catégories suivantes : 67 % sont composées de conifères (souvent appelés résineux), où apparaissent des genres tels que l'épinette, le pin et le sapin; 15 % sont composées essentiellement de feuillus (encore appelées forêts décidues ou à feuilles caduques), où l'on retrouve des genres comme l'érable, le frêne et le chêne; et 18 % sont composées à parts plus ou moins égales de conifères et de feuillus et qu'on appelle alors des forêts mixtes. Le Canada comprend 10 genres et 31 espèces de conifères indigènes arborescents, et 50 genres et 149 espèces d'arbres feuillus indigènes.

Autrefois, la recherche forestière s'intéressait davantage aux aspects opérationnels de cette activité, et favorisait la protection des ressources forestières et l'augmentation de la production ligneuse. Ce travail se poursuit, mais les scientifiques cherchent également des réponses aux questions fondamentales touchant la productivité forestière, l'aménagement du paysage, les processus naturels de perturbation et l'aménagement fondé sur l'écosystème.

Bien sûr, les travaux scientifiques et technologiques du Canada devront à l'avenir s'intéresser davantage aux défis émergents, y compris l'atténuation de l'impact des changements climatiques sur les forêts, la surveillance de la biodiversité forestière, le calcul des quantités de carbone stockées par les forêts, l'amélioration de la qualité du bois, la mise au point d'arbres au développement plus rapide, et la création de systèmes automatiques d'inventaire et de surveillance des forêts. Le Canada considère comme très important de posséder et de conserver des moyens scientifiques et technologiques de haut niveau, et cet aspect fera toujours partie de son attitude face à ses forêts.

TYPES FORESTIERS

Les types forestiers exposés dans ce livre sont fondés sur un système de description des forêts mis au point par W.E.D. Halliday en 1937 et perfectionné par J.S. Rowe, lequel a publié ses résultats dans une carte en 1959 et un ouvrage en 1972.[1] Ce système est connu sous l'appellation de « régions forestières du Canada ». Les régions forestières sont de vastes zones géographiques caractérisées par une combinaison distincte d'espèces arboricoles dominantes. Il y a huit régions forestières : la région acadienne dans les Maritimes; la région des Grands Lacs et du Saint-Laurent dans le centre du pays; la région des feuillus dans le Sud-Ouest de l'Ontario; la région boréale qui s'étend au nord sur l'ensemble du pays; les régions subalpine et montagnarde en Alberta et en Colombie-Britannique; et les régions côtière et du Columbia en Colombie-Britannique. Ces régions constituent une description géographique complète des forêts du Canada.

Il existe de nombreux systèmes de classification applicables à l'échelle d'un pays, d'une région, d'un continent et même de la Terre entière. Le système de classification écologique faisant appel au concept d'écozone est maintenant très utilisé au Canada.[2] Les écozones définissent, à l'échelle sous-continentale, de grandes mosaïques formées par l'interaction de nombreux facteurs : climat, activité humaine, végétation, sols et traits géologiques et physiographiques du paysage. Mais comme le système des régions forestières ne s'intéresse qu'aux forêts, il constituait une solution plus simple pour la description des forêts dans le présent ouvrage. On a toutefois préféré le terme de « forêt » à celui de « région forestière » et appelé « forêt carolinienne » la région forestière des feuillus. On a en outre ajouté un type forestier, soit les forêts préservées ou créées au sein des zones urbaines du Canada, car, pour de nombreux Canadiens et Canadiennes, c'est le lieu de contact quotidien avec les arbres.

Le texte mentionne les valeurs moyennes des températures en été et en hiver, et celles des précipitations moyennes annuelles. Ces données climatiques sont des moyennes saisonnières pour de vastes territoires et ne rendent donc pas compte des variations passagères du climat ni des différences locales. Elles servent plutôt à comparer les types forestiers les uns par rapport aux autres.

Notons également que le texte ne mentionne que le nom vernaculaire des divers organismes vivants, mais qu'une liste des noms scientifiques est donnée à la page 145.

1. *Les Régions forestières du Canada*. Publication n° 1300F. Ministère de l'Environnement, Service canadien des forêts, 1972.

2. Cadre écologique national pour le Canada, Groupe de travail sur la stratification écologique, 1996. http://sis.agr.gc.ca/siscan/publications/ecostrat/intro.html.

Forêt de conifères dans le Nord de la Saskatchewan.

Forêt de feuillus dans le Sud de l'Ontario.

Forêt mixte au Nouveau-Brunswick.

TYPES FORESTIERS

FORÊT ACADIENNE
Épinette rouge, sapin baumier, érable, bouleau jaune

FORÊT CÔTIÈRE
Thuya géant, pruche de l'Ouest, épinette de Sitka, douglas vert

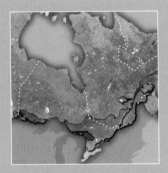

FORÊT BORÉALE
Épinette blanche, épinette noire, sapin baumier, pin gris, bouleau à papier, peuplier faux-tremble, mélèze laricin, saule

FORÊT DU COLUMBIA
Thuya géant, pruche de l'Ouest, douglas bleu

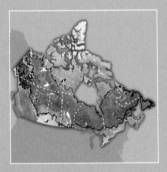

FORÊT DES GRANDS LACS ET DU ST-LAURENT
Pin rouge, pin blanc, pruche du Canada, bouleau jaune, érable, chêne

FORÊT MONTAGNARDE
Douglas bleu, pin tordu latifolié, pin ponderosa, peuplier faux-tremble

FORÊT CAROLINIENNE
Hêtre à grandes feuilles, érable, noyer noir, caryer, chêne

FORÊT SUBALPINE
Épinette d'Engelmann, sapin subalpin, pin tordu latifolié

LA FORÊT
ACADIENNE

*Quatre siècles après l'arrivée des Européens, la forêt acadienne
demeure écologiquement distincte*

PAGES PRÉCÉDENTES La forêt acadienne le long de la baie de Fundy.

Peuplement d'épinette rouge au crépuscule, près de la vallée Hums Hollow dans le parc national Fundy au Nouveau-Brunswick.

Le sorbier, le sapin baumier et l'épinette blanche sont tous présents dans ce peuplement mélangé.

Sur la côte est du Canada, il existe une zone de transition entre la forêt boréale, dominée par l'épinette et le pin, au nord, et les forêts essentiellement composées de feuillus qui occupent le Nord-Est des États-Unis. Connue sous le nom de forêt acadienne, elle ne représente que 2,2 % des terrains forestiers du Canada, mais c'est une région d'une variété saisissante. Elle s'étend sur 91 290 km², couvrant presque toute la Nouvelle-Écosse et l'Île-du-Prince-Édouard ainsi que les deux tiers sud du Nouveau-Brunswick.

Comme la forêt des Grands Lacs et du Saint-Laurent qui la borde à l'ouest, elle comporte un mélange de nombreuses espèces de feuillus et de conifères. Mais en raison de l'influence modératrice de l'océan Atlantique et de la topographie locale, la forêt acadienne présente un ensemble distinct et aisément reconnaissable d'espèces végétales. La morphologie de la région comprend tous les extrêmes de la topographie, des estrans envahis par la marée et bordés de dunes aux falaises immenses atteignant des plateaux rocailleux, sauvages et inhospitaliers, en passant par les basses terres marécageuses. Près de la mer et sur les hauteurs non protégées, les vents marins dominants influencent directement la croissance et la conformation des peuplements forestiers.

La majeure partie de la forêt acadienne jouit d'un climat maritime stable et modéré. Loin de l'influence directe de l'océan, toutefois, les hivers sont souvent froids et très neigeux. Les précipitations annuelles vont de 900 à 1 400 mm à l'intérieur des terres, davantage près de la côte. Les étés vont de frais à relativement chauds et humides, les températures moyennes oscillant entre 14 et 15,5 °C. En hiver, les moyennes vont de −2,5 à −5,5 °C dans la plupart des endroits.

Dans certaines vallées comme celle du fleuve Saint-Jean, la forêt feuillue prédomine, composée de riches peuplements mélangés. Dans les hauteurs du centre-nord du Nouveau-Brunswick et sur les points culminants des hauteurs du Cap-Breton, on ne trouve guère plus que le minuscule bouleau glanduleux, remplacé sur les sommets par des mousses et des landes d'éricacées. La température moyenne de ces hauteurs est de −8,0 °C en hiver, saison longue, neigeuse et froide.

La variété des plantes qu'on retrouve dans la forêt acadienne vient d'une conjonction de communautés végétales sans pareille au Canada : des vestiges de plantes arctiques et alpines remontant au retrait des glaciers, des plantes de la plaine côtière

Forêt enveloppée de brouillard autour du lac Wolfe au Nouveau-Brunswick.

Dégel de mars le long de la rivière Little Tobique, dans le parc provincial Mont-Carleton au Nouveau-Brunswick.

Les semis d'épinette et les feuilles d'érable rouge ajoutent de la couleur au parterre forestier.

Avec l'humidité du climat maritime, les mousses et champignons forment d'épais tapis.

PAGE DE DROITE Vieux bouleaux blancs et jaunes dans la forêt modèle de Fundy au Nouveau-Brunswick.

du littoral atlantique, des assemblages d'espèces nordiques venant de la forêt boréale et des communautés issues de la chaîne des Appalaches au sud-ouest. En Nouvelle-Écosse uniquement, plus de 200 plantes sont considérées comme rares. La majorité d'entre elles sont communes dans le reste de leur aire de distribution, mais elles se trouvent, dans la forêt acadienne, à la limite nord de cette aire naturelle. Neuf sont classées au Canada comme en voie de disparition, menacées ou préoccupantes : la benoîte de Peck, le jonc du New Jersey, le coréopsis rose, le droséra filiforme, la lophiolie dorée, la sabatie de Kennedy, le clèthre à feuilles d'aulne, l'hydrocotyle à ombelle et le liléopsis de l'Est.

En dépit de sa diversité, la forêt acadienne ne comprend aucune espèce inconnue dans le reste du Canada. L'épinette rouge, un arbre longévif tolérant, est l'espèce la plus caractéristique. Le pin blanc, le pin rouge, le pin gris, le sapin baumier, la pruche du Canada et l'if du Canada sont les autres conifères communs.

Le bouleau à feuilles cordées et le bouleau gris caractérisent les premiers stades de la succession forestière, s'implantant rapidement dans les ouvertures créées par les perturbations. L'érable à sucre, le hêtre à grandes feuilles et le bouleau jaune, en diverses combinaisons, constituent une composante importante de la forêt acadienne. Parmi les autres feuillus communs, il faut noter l'érable rouge, le frêne blanc, le frêne rouge, le frêne noir, le chêne rouge, l'ostryer de Virginie, le peuplier à grandes dents et le cerisier tardif. Quelques espèces généralement communes à l'ouest sont peu fréquentes ou même rares dans cette forêt. Il s'agit notamment de l'érable argenté, du noyer cendré, du chêne à gros fruits, du tilleul d'Amérique, du saule noir et du prunier noir, chacun étant pourtant présent à certains endroits au Nouveau-Brunswick.

Plusieurs arbustes et petits arbres typiques de la région des Grands Lacs et du Saint-Laurent ainsi que de la région carolinienne atteignent la limite nord-est de leur aire dans la forêt acadienne : le cornouiller à feuilles alternes, le cornouiller à rameaux rugueux, l'érable à épis, l'érable de Pennsylvanie, l'hamamélis de Virginie, le houx verticillé, le sumac vinaigrier, le sureau blanc et le noisetier à long bec. D'autres, comme le myrique de Pennsylvanie, sont caractéristiques des écosystèmes côtiers de l'Est des États-Unis et n'atteignent le Canada que dans cette région forestière.

La forêt acadienne abrite des espèces animales qu'on retrouve également dans les forêts carolinienne et boréale et dans celle des Grands Lacs et du Saint-Laurent. Les mammifères caractéristiques sont la martre d'Amérique, l'orignal, l'ours noir, le renard roux, le lièvre d'Amérique, le porc-épic d'Amérique, le pékan, le castor, le lynx roux, le rat musqué et le raton laveur.

Parmi les oiseaux, on voit communément le grand héron, le bruant de Lincoln, la paruline à poitrine baie, le pic maculé, la buse pattue et le pluvier bronzé. Dans le monde des amphibiens et des reptiles, on note la tortue peinte de l'Est, la tortue des bois, la rainette versicolore, la salamandre à points bleus, la rainette crucifère, la couleuvre à collier et la couleuvre verte.

Le nom de la forêt est naturellement dérivé d'Acadie, terme choisi par les premiers colons français pour désigner la région. C'est la première région forestière du Canada ayant été explorée et colonisée systématiquement, et ses ressources ont subi au cours des siècles plusieurs vagues successives d'exploitation et d'altération. De grandes étendues y ont été défrichées depuis longtemps pour l'habitation et l'agriculture.

C'est vers la forêt acadienne que la Grande-Bretagne s'est d'abord tournée pour obtenir les grandes pièces de pin blanc dont elle avait besoin pour reconstruire sa marine

Au Canada, 94 % des terrains forestiers sont de propriété publique. Quelque 14 000 km^2 de terrains forestiers sont situés sur des réserves des Premières nations. Environ 6 % des forêts se trouvent sur des terres privées, dont 67 % au Québec et en Ontario, 19 % dans la région de l'Atlantique et 14 % dans l'Ouest du Canada. Cette distribution correspond à l'histoire de la colonisation européenne qui est plus ancienne dans l'Est du Canada.

Les terrains forestiers privés appartiennent, selon les estimations, à 425 000 propriétaires différents (personnes, familles, communautés ou compagnies forestières). Presque tous les arbres de Noël vendus au Canada proviennent de ces terrains privés. On y fait également plus de 75 % du sirop d'érable et des autres produits de l'érable et presque 80 % du bois de chauffage et des produits connexes, sans compter quelque 19 % des billes, des rondins et du bois de trituration pour la pâte à papier.

et sa flotte marchande au début du 19e siècle. C'est ainsi que fut lancée l'industrie du bois d'œuvre au sein de l'Amérique britannique. L'exploitation forestière fut si intense qu'il s'ensuivit une succession de vastes incendies de forêt alimentés par les déchets de coupe. Il en est résulté une forêt moins étendue et moins diversifiée. Entre autres, les incendies répétés ont favorisé les espèces qui se régénèrent bien sur les brûlis, et entraîné à terme la formation d'une forêt coniférienne d'âge uniforme en remplacement de la forêt mixte d'origine.

Il ne reste qu'environ 5 % de la forêt acadienne de première venue, reléguée aux endroits les plus inaccessibles et aux sites en hauteur accidentés. La forêt contemporaine est toutefois hautement productive. Une grande partie a d'ailleurs été abattue et régénérée plusieurs fois. Et la forêt reprend ses droits sur les terres marginales où l'exploitation agricole a été abandonnée. Près de 88 170 km^2, soit 96,6 % de la forêt acadienne, sont actuellement classés comme terrains forestiers productifs.

Dans la forêt acadienne, les perturbations forestières sont la plupart du temps localisées. Un processus incessant de transformation progressive à petite échelle, appelé

Épinettes couvertes de lichens dans le parc
national Fundy au Nouveau-Brunswick.

Le mélèze laricin aime les basses terres
marécageuses.

dynamique des trouées, est alimenté par les vents violents, les maladies et les infestations périodiques d'insectes. Ainsi, de petites ouvertures s'établissent dans le couvert forestier, où les jeunes arbres tolérants font compétition aux espèces pionnières de courte pérennité. Il se forme par conséquent dans la forêt acadienne des assemblages stables d'essences à longue durée de vie comme l'érable à sucre, l'épinette rouge et le bouleau jaune.

Les perturbations à grande échelle, comme les incendies, se produisent dans la forêt acadienne aux endroits où la composition forestière a évolué vers un peuplement pur de pin gris et d'épinette blanche. Près de la côte atlantique, les peuplements sont affectés par les vents dominants de la mer et l'effet desséchant des embruns salés, et se transforment en paysages particuliers composés de sapins et d'épinettes rabougris.

Les ressources de la forêt acadienne sont importantes pour l'économie locale et provinciale. Plus de la moitié des terrains forestiers sont de propriété privée, contrairement au reste du Canada où la propriété publique est générale. Les grandes entreprises de pâtes et papiers ou de bois d'œuvre sont présentes, mais on y trouve en outre de

nombreuses petites exploitations d'arbres de Noël et de sirop d'érable. En 2001, la région a exporté plus de 1 million d'arbres de Noël et environ 1,5 million de litres de sirop d'érable.

Bien que la coupe à blanc[1] soit la méthode principale d'exploitation forestière, on y pratique aussi la coupe de jardinage dans les feuillus, tant sur les terres publiques que privées. Cette méthode convient aux peuplements mixtes inéquiennes, car elle permet d'en conserver la répartition inégale des âges. On a également recours aux coupes progressives qui favorisent la croissance d'espèces recherchées comme l'épinette blanche

---

1. Dans le contexte canadien, la coupe à blanc est l'abattage simultané de la plupart des arbres marchands d'un peuplement. Cette méthode s'emploie normalement dans les peuplements issus de perturbations naturelles comme les incendies et les infestations d'insectes. La coupe à blanc comprend souvent la rétention d'un pourcentage prédéterminé d'arbres matures qui serviront de sources de semences et permettront d'accélérer la régénération du site exploité.

Scène d'automne près du lac Blue Bell au Nouveau-Brunswick.

Chute Dickson au Nouveau-Brunswick.

PAGE 28 Forêt mélangée composée d'épinette, de pin, d'érable, de hêtre et de chêne.

PAGE 29 Branches tortueuses de sorbier sur fond de coloris automnal.

Laura Folkins récolte des rameaux de pin blanc pour fabriquer des couronnes décoratives à Kierstead Mountain au Nouveau-Brunswick.

Confection d'un panier malécite traditionnel avec du noyer noir par Victor Bear de la Première nation de Tobique.

À DROITE Les chercheurs Ron Smith et Stewart Cameron du Service canadien des forêts mettent au point des techniques de propagation de l'if du Canada.

par l'enlèvement hâtif des espèces concurrentes. Un peu partout dans la région, on fait couramment l'éclaircie des peuplements en régénération, afin d'en réduire la densité, à l'aide d'un outil spécialisé qu'on appelle la scie à dégagement.

En raison de la forte demande actuelle pour les produits forestiers dans la région forestière acadienne, toutes les ressources ligneuses disponibles sont concédées pour l'exploitation. Il est donc impératif pour les chercheurs et les aménagistes forestiers de s'employer à protéger cette ressource des insectes, des maladies et des incendies. Située près de l'océan et des ports de mer, la forêt est particulièrement sensible aux invasions d'organismes nuisibles exotiques. La recherche se concentre par conséquent sur la prévention de ces invasions et sur la lutte contre les organismes déjà établis.

D'autres recherches portent sur l'établissement de critères et d'indicateurs des pratiques d'aménagement durable, la certification des pratiques d'aménagement forestier, l'amélioration de l'aménagement sur les terres privées, et sur les tentatives de conservation à long terme des populations de chêne à gros fruits, de noyer cendré et d'orme d'Amérique.

La forêt acadienne joue un rôle socio-économique important dans la vie de ses résidants. Les chercheurs étudient et quantifient entre autres l'importance pour les économies locales des ressources non ligneuses comme les activités de loisir, le camping, la pêche et l'écotourisme. D'autres sources d'enrichissement suscitent de l'intérêt : la production de sirop d'érable, la récolte des branches de conifères, surtout celles du pin blanc et du sapin baumier, pour la fabrication de couronnes décoratives, la récolte des bleuets sauvages et la propagation de l'if du Canada, dont on extrait les taxanes, agents prometteurs pour le traitement de certains cancers.

La forêt acadienne accueille deux forêts modèles, celle de Fundy au Nouveau-Brunswick, et la Nova Forest Alliance en Nouvelle-Écosse. La forêt modèle de Fundy, 4 200 km² de forêt acadienne dans le Sud du Nouveau-Brunswick, réunit 34 partenaires différents venant de divers horizons : gouvernements fédéral et provincial, organisations autochtones, industrie forestière, propriétaires régionaux de boisés privés et groupes environnementaux. La Nova Forest Alliance constitue un territoire de 4 580 km² au centre de la Nouvelle-Écosse. Elle est composée de petits propriétaires privés, de

Dale Simpson présente des échantillons du Centre national des semences d'arbre du Service canadien des forêts situé à Fredericton au Nouveau-Brunswick.

Semences d'érable à sucre, d'épinette rouge, de thuya occidental et d'aulne rugueux provenant de la forêt acadienne.

Tempête d'hiver tardive sur le mont Folly en Nouvelle-Écosse.

Le froid et la neige sont souvent au rendez-vous dans certaines parties de la forêt acadienne.

CI-CONTRE Peuplement de bouleau à papier dans le parc national Kouchibouguac, au Nouveau-Brunswick.

compagnies de pâtes et papiers, de municipalités, de groupes communautaires et de représentants de tous les niveaux de gouvernement.

De nombreux parcs provinciaux et cinq parcs nationaux parsèment cette région forestière : les parcs nationaux Fundy et Kouchibouguac au Nouveau-Brunswick, celui de l'Île-du-Prince-Édouard dans la province du même nom et les parcs nationaux Kejimkujik et des Hautes-Terres-du-Cap-Breton en Nouvelle-Écosse.

La forêt acadienne a bien changé en 400 ans, depuis le contact avec les Européens. Plus jeune, elle est aujourd'hui moins variée sur le plan des espèces, et les écarts d'âges sont encore plus faibles que par le passé. Elle conserve toutefois son caractère distinctif sur le plan écologique et présente toujours des qualités qui en font un type forestier unique.

La neige épaisse contribue à protéger du froid ces semis d'épinette dans les monts Cobequid en Nouvelle-Écosse.

LA FORÊT BORÉALE

Type forestier le plus étendu du Canada, la forêt boréale fait partie du plus grand écosystème terrestre de la planète

Des épinettes éparses le long de la rivière Thelon marquent la limite nord de la forêt boréale dans la toundra du Nunavut.

Dans le Nord du Canada, une immense forêt de conifères composée de pins à cime étroite, de sapins et d'épinettes s'étend sans interruption d'une extrémité à l'autre du continent. La forêt boréale est plus vaste que tous les autres types de forêts canadiennes réunis. Elle occupe plus de 3,2 millions de kilomètres carrés entre la frontière nord-ouest du Yukon et l'extrémité est de Terre-Neuve, c'est-à-dire 77 % de tous les terrains forestiers du Canada. Elle fait partie d'un complexe forestier qui fait le tour du globe, couvrant l'Amérique du Nord, l'Europe et l'Asie, et qui constitue le plus vaste écosystème de la Terre.

La partie la plus nordique de la forêt boréale du Canada se trouve dans les Territoires du Nord-Ouest où une forêt clairsemée atteint presque le 70ᵉ parallèle nord, dans la région du delta du Mackenzie. La limite de la zone arborée trace un grand arc vers le sud-est, traversant en ondulant les Territoires du Nord-Ouest et le Nunavut, atteignant la côte ouest de la baie d'Hudson à environ 150 km au nord de Churchill, au Manitoba. À l'est de la baie d'Hudson, elle poursuit sa course vers le nord-est, traversant le Québec et le Labrador, et atteint les rives de la baie d'Ungava, sur l'océan

Atlantique, à 57° de latitude nord. Sur une bonne partie de ce parcours, la limite septentrionale des arbres forme une zone de transition irrégulière entre la forêt et la toundra, et se déplace au gré des phénomènes climatiques extrêmes et des incendies de végétation, selon leur étendue et leur fréquence.

À son extrémité nord, la forêt boréale est formée de peuplements épars de conifères et de zones de saules étalés et d'aulnes arbustifs faisant irruption dans la toundra arctique. Le sol est couvert par diverses espèces de lichens qui s'établissent rapidement après les incendies et qui exploitent très efficacement le peu d'humidité et d'éléments nutritifs disponibles. Sur les sites froids et peu favorables, particulièrement après un incendie, l'épais tapis de lichens empêche les arbres de s'établir et maintient la forêt à l'état clairsemé.

Plus au sud, où les conditions climatiques sont plus favorables, une épaisse forêt de conifères règne sur d'immenses étendues. Accompagnée de feuillus qui s'établissent rapidement après un incendie, la forêt boréale est ici très riche et hautement productive. Sous le couvert continu des arbres, la végétation au sol est formée d'un mélange complexe et varié de mousses, de lichens et de plantes herbacées.

Les épinettes noires scintillent sous le faible soleil d'hiver, dans le parc national québécois des Grands-Jardins.

Des îlots de forêt boréale se forment dans les Cypress Hills, ces petites élévations qui parsèment la prairie du Sud de la Saskatchewan et de l'Alberta.

Cecilia Feng, chercheure du Service canadien des forêts, s'intéresse à l'impact de l'exploitation forestière sur la température de l'eau et l'évaporation dans la forêt boréale.

PAGE DE DROITE Une recherche scientifique de grande envergure se déroule dans ce site des environs de Peace River en Alberta pour déterminer si les techniques d'aménagement forestier peuvent simuler les perturbations naturelles.

La forêt boréale change à nouveau de caractère dans le Sud de l'Alberta, de la Saskatchewan et du Manitoba. Près de la prairie, la forêt de conifères à couvert fermé fait graduellement place à une forêt claire composée de peuplements épars, remplacés à leur tour par de vastes tremblaies. La démarcation entre la forêt et la prairie est mouvante et se déplace en réponse aux phénomènes climatiques extrêmes. Dans le Sud de la Saskatchewan et le centre de l'Alberta, la prairie est par exemple ponctuée d'îlots de peupliers et de forêt boréale coniférienne.

La limite sud de la forêt boréale suit un tracé irrégulier et sinueux vers l'ouest, traversant le centre-nord de la Colombie-Britannique, faisant brièvement la jonction avec la forêt côtière à son point le plus nordique. Elle suit le versant oriental des montagnes Rocheuses où elle se fusionne avec la forêt subalpine. À partir du Sud-Est du Manitoba et jusqu'au golfe du Saint-Laurent, en passant par tout l'Ontario et le Québec, sauf pour la brèche du lac Supérieur, la forêt boréale marque la limite nord de celle des Grands Lacs et du Saint-Laurent, et ces deux types forestiers chevauchent, partageant certaines espèces. Au Québec, deux sections isolées de forêt boréale sont présentes au centre de la péninsule gaspésienne, entourées de la forêt des Grands Lacs et du Saint-Laurent. Plus à l'est, l'île d'Anticosti et Terre-Neuve et Labrador appartiennent exclusivement à la forêt boréale.

Cette forêt s'étend sur une grande variété de formations géomorphologiques. Dans les Territoires du Nord-Ouest, elle croît sur un terrain plat, dans des vallées fluviales très encaissées et sur un pergélisol discontinu. Elle occupe des terrains élevés et accidentés et couvre des plaines dans le Sud du Yukon et le Nord de la Colombie-Britannique, puis traverse des terrains plats couverts de prairies dans le Nord de l'Alberta et de la Saskatchewan. Autour de la baie d'Hudson et de l'ouest de la baie James, le paysage boréal comprend des forêts humides et marécageuses, ou muskeg, des toundras à mousses et lichens et des plages soulevées. Au Nunavut, dans le Nord du Manitoba et du Québec, la forêt boréale couvre le vaste socle rocheux de l'ancien bouclier précambrien.

Le climat qui affecte la forêt boréale est très variable, à l'image de la topographie sur laquelle elle repose. Dans les extrémités côtières, les conditions sont tempérées par les influences maritimes. Dans la péninsule Avalon, dans l'Est de Terre-Neuve, la température moyenne en hiver est de −1 °C et les précipitations annuelles moyennes sont de 1 400 à 1 500 mm. À l'intérieur du pays, comme dans les basses terres de Peace River dans le Nord de l'Alberta, le climat est continental. La moyenne des températures en hiver est alors de −14 °C et les précipitations annuelles moyennes d'à peine 350 à 600 mm.

Les variations climatiques ont un impact important sur la succession forestière de la forêt boréale. Dans la plupart des régions, les incendies sont des perturbations écologiques déterminantes, survenant à des intervalles plus ou moins réguliers et qui expliquent la pérennité des peuplements équiennes constitués de conifères. Près des côtes, où prévalent les conditions humides du climat maritime, les incendies sont moins fréquents. Par conséquent, les arbres vivent plus longtemps et l'agent de perturbation n'est plus autant l'incendie que les insectes, les maladies et les tempêtes de vent.

En dépit de son extension continentale, la forêt boréale conserve une apparence et un caractère remarquablement uniforme sur l'ensemble de son étendue où cinq

Presque la moitié des forêts canadiennes (1,8 millions de kilomètres carrés) ne sont pas d'intérêt commercial. Éloignées, et composées de petits arbres épars et à croissance lente, elles ne sont pas suffisamment productives pour que leur exploitation soit rentable. Sur les 56 % de terrains forestiers canadiens classés comme commerciaux, presque la moitié (1,2 million de kilomètres carrés) sont aménagés pour la production ligneuse. Le reste est inaccessible ou non récoltable aux termes de la réglementation visant les réserves forestières, les zones tampons autour des cours d'eau ou les aires protégées.

conifères dominent le paysage. L'épinette blanche est commune dans les sites en hauteur bien drainés. L'épinette noire occupe les basses terres humides, bien qu'elle puisse également s'implanter dans les stations élevées. Le sapin baumier est très répandu dans l'Est du Canada, surtout dans les milieux maritimes, mais il étend son aire jusqu'au centre-nord de l'Alberta. Le pin gris, une espèce particulièrement apte à coloniser les stations ravagées par les incendies, pousse dans presque toute la forêt boréale, occupant le plus souvent les sites sablonneux bien drainés. Le mélèze laricin, seul conifère décidu de la forêt boréale, est également présent dans presque toute la région, sauf à l'extrême nord-ouest. Bien adapté aux sols humides et aux stations ensoleillées, il se développe souvent à la lisière des tourbières nordiques. Dans l'Ouest du Canada, où la forêt boréale se fond dans la forêt subalpine, le sapin baumier est remplacé par le sapin subalpin, et le pin gris se mélange et s'hybride avec le pin tordu latifolié.

Plusieurs espèces feuillues émaillent la forêt boréale. Parfaitement adaptées aux conditions difficiles et aux incendies fréquents qu'elles doivent y affronter, ce sont

Le peuplier faux-tremble prend pied à la lisière de la prairie.

toutes des espèces pionnières qui occupent rapidement les stations incendiées et dont l'aire de répartition est très étendue. L'omniprésent peuplier faux-tremble produit et emmagasine plus de biomasse épigée que toute autre espèce arborescente. Il est particulièrement bien adapté au dur climat hivernal, car il possède une couche particulière d'écorce interne porteuse de chlorophylle lui permettant, même sans feuilles, de faire une certaine photosynthèse. Le peuplier baumier est presque aussi répandu que le faux-tremble. Le bouleau à papier est également commun, bien qu'on puisse voir deux espèces différentes dans les populations de l'est et du nord-ouest de son aire, distinctes sur le plan génétique. Les saules, y compris le saule discolore, le saule de Bebb et le saule brillant, sont communs et se rencontrent le plus souvent dans les endroits mal drainés. L'aulne rugueux et l'aulne crispé sont d'autres espèces fréquentes des stations humides dans l'ensemble de la forêt.

Parmi les herbes et les graminées qu'on retrouve couramment dans la forêt boréale, notons le droséra à feuilles rondes, la sarracénie pourpre, la linnée boréale, l'aralie à tige nue, l'épilobe à feuilles étroites, le gaillet à trois fleurs, la calamagrostide du

Canada et la linaigrette à feuilles étroites. Les arbustes communs comprennent plusieurs espèces d'airelles et de bleuets, l'amélanchier à feuilles d'aulne, la spirée septentrionale, la shépherdie du Canada, le raisin d'ours, le quatre-temps, le kalmia à feuilles d'andromède et le thé du Labrador. Plus de 40 espèces de mousses, surtout des sphaignes, se voient dans l'ensemble de la forêt. C'est même la forme de vie la plus évidente de la région. Elles tapissent en effet le sol sous le couvert forestier, couvrent les tourbières ouvertes et le muskeg en couches assez épaisses pour supporter des arbres. Les lichens constituent la principale source de nourriture du caribou en hiver.

Les mammifères caractéristiques de la forêt boréale sont entre autres l'ours noir, le caribou, l'orignal, le cerf de Virginie, le loup et le castor. Parmi les oiseaux, on note la mésange à tête brune, la chouette lapone, le durbec des sapins, le tétras du Canada, le bruant à gorge blanche et le mésangeai du Canada. Dans les parties centrale et méridionale de la forêt, on trouve quelques espèces de reptiles et d'amphibiens, dont le scinque pentaligne, la couleuvre rayée, la couleuvre fauve de l'Est, la couleuvre d'eau,

La chouette lapone étend son aire à l'ensemble de la forêt boréale.

Dans les prairies sèches des régions sud, les arbres ne croissent qu'en bordure des cours d'eau et des tourbières.

La richesse biologique des terres humides est remarquable dans la forêt boréale.

Un ours a laissé des marques de griffes dans l'écorce tendre de ce peuplier faux-tremble.

Le fruit du quatre-temps est une importante source de nourriture pour la faune boréale.

CI-CONTRE Le parterre forestier près du lac Namekus dans le parc national de Prince Albert, en Saskatchewan.

la rainette faux-grillon boréale, la grenouille léopard, la grenouille des bois, la tortue serpentine et la tortue ponctuée.

Jusqu'au début du 20ᵉ siècle, l'éloignement de la forêt boréale et la taille relativement faible des arbres qui la composent y ont découragé les activités de récolte et d'aménagement forestier. Au cours des 50 dernières années, toutefois, la demande mondiale de pâte, de papier et de bois a connu une telle croissance que les concessions forestières ont été étendues jusqu'à cette dernière frontière. Outre le bois, d'autres produits ont fait l'objet d'une demande sans cesse croissante, notamment le pétrole, le gaz, les minéraux, les métaux et l'hydro-électricité, et tous ont un impact sur la forêt boréale.

Quelque 51,7 % de la forêt boréale, soit 1,6 million de kilomètres carrés, sont classés comme terrains forestiers productifs. Cet ensemble constitue donc une importante composante des ressources forestières canadiennes et son apport économique est considérable. Bien que la coupe à blanc ait été privilégiée dans le passé, la mise au point de techniques de récolte à faible incidence et de régimes sylvicoles de rechange va bon train. On favorise par exemple les régimes sylvicoles à deux stades, dans lesquels la récolte des

Établie après un incendie de forêt, cette tremblaie de 25 ans fournit un abri à l'épinette blanche en régénération.

Plus de 40 espèces de mousses garnissent la forêt
boréale, parfois jusqu'à en couvrir le sol.

Ce brûlis situé près de La Ronge en Saskatchewan montre l'effet rajeunissant de l'incendie dans la forêt boréale.

Couplée aux perturbations naturelles, la récolte a pour effet de créer une mosaïque de peuplements forestiers.

Dans les peuplements mixtes réunissant peuplier faux-tremble, bouleau, épinette blanche et sapin baumier, les feuillus âgés de la strate supérieure protègent les jeunes conifères qu'ils dominent.

À DROITE L'opérateur Randall Charrette, au service d'une entreprise privée d'exploitation forestière dirigée conjointement par le Service canadien des forêts, au nord d'Athabasca en Alberta.

arbres matures s'effectue en protégeant pour l'avenir la strate prometteuse du sous-étage. La taille maximale des parterres de coupe est réglementée dans toute la forêt boréale, et l'établissement de zones tampons, où l'on maintient le couvert forestier, est généralement exigé pour protéger les cours d'eau, les aires sensibles et certains habitats fauniques.

Les chercheurs consacrent actuellement leurs travaux à la productivité primaire et à la biodiversité de la forêt boréale afin d'en décrire avec plus de précision les fonctions écosystémiques. Depuis quelques années, le Canada a fait des progrès remarquables dans la surveillance et la prédiction des incendies de forêt et des proliférations d'insectes et de maladies. Les chercheurs étudient maintenant les effets de ces perturbations pour mieux imiter la nature dans les opérations de récolte des peuplements boréaux. Par exemple, le projet EMEND (Aménagement écosystémique par émulation des perturbations naturelles), auquel le Service canadien des forêts est associé, est une expérience de grande envergure sur l'écologie du feu qui se déroule sur presque 12 km^2 de forêt boréale dans le Nord-Ouest de l'Alberta et dont le calendrier doit s'étendre sur une centaine d'années. D'autres recherches sur la forêt boréale revêtant une importance

Abattage à l'aide d'une tête hydraulique dans un peuplement d'épinette.

La récolte écologique et l'aménagement de zones tampons sont maintenant pratique courante dans la forêt boréale du Canada.

mondiale concernent les rapports entre les changements climatiques éventuels et le rôle que pourrait y jouer cette vaste région, comme source ou comme puits de carbone.[1]

Pour les visiteurs canadiens et internationaux, le nombre pour ainsi dire infini de lacs et de rivières éloignés et de lieux sauvages que compte cette forêt lui donne une grande valeur comme havre de solitude et de loisirs en plein air. Pour en protéger la biodiversité et en préserver le caractère naturel, le Canada a créé dans ses limites 11 parcs nationaux et réserves de parcs : la réserve de parc national Nahanni et le parc national Wood Buffalo dans les Territoires du Nord-Ouest; le parc national Elk Island en Alberta; le parc national de Prince Albert en Saskatchewan; les parcs nationaux Wapusk et du Mont-Riding au Manitoba; le parc national Pukaskwa en Ontario; la réserve de parc national de l'Archipel-de-Mingan et le parc national Forillon au Québec; et les parcs nationaux du Gros-Morne et Terra-Nova à Terre-Neuve et Labrador. On trouve également des

---

1. Une forêt dont les stocks de carbone sont en hausse est qualifiée de puits; celle dont les stocks de carbone sont en baisse est une source.

Le parc national du Gros-Morne à Terre-Neuve et Labrador.

Kelly Thomson explique comment les Autochtones vivaient et travaillaient dans les hautes terres boisées où se trouve maintenant le parc interprovincial Cypress Hills.

Les chercheurs mesurent le processus de reproduction des essences boréales en recueillant leurs semences à l'aide de ces tamis.

CI-CONTRE Ken Prokop fait du vin avec le bleuet sauvage récolté dans la forêt boréale près de Weyakwin en Saskatchewan.

Chercheure au Service canadien des forêts, Susan Cassidy recueille les coléoptères dans un piège à insectes pour une étude sur la biodiversité dans le Nord-Ouest de l'Alberta.

parcs provinciaux dans la forêt boréale à Terre-Neuve et Labrador, au Québec, en Ontario, au Manitoba, en Saskatchewan, en Alberta et en Colombie-Britannique.

Plusieurs forêts modèles canadiennes ont été implantées dans la forêt boréale : la forêt modèle de l'Ouest de Terre-Neuve; la forêt modèle crie de Waswanipi dans le Nord du Québec; la forêt modèle du lac Abitibi en Ontario; la forêt modèle du Manitoba; la forêt modèle de Prince Albert en Saskatchewan ainsi que certaines sections de la forêt modèle du Bas-Saint-Laurent au Québec et des forêts modèles Foothills en Alberta et McGregor dans le centre de la Colombie-Britannique. Chacune se consacre au développement des techniques d'aménagement forestier durable et cherche à les partager avec la communauté environnante.

À l'aube du 21ᵉ siècle, la forêt boréale du Canada est reconnue et appréciée pour son apport économique au bien-être des Canadiens et pour son importance sur le plan mondial comme segment du plus grand écosystème forestier de la Terre. En se souciant de la protéger, de la préserver et de la conserver, et en poursuivant son aménagement durable, le Canada montre qu'il est résolument engagé à la gérer de façon responsable.

LA FORÊT DES GRANDS LACS ET DU SAINT-LAURENT

La beauté automnale de cette forêt en fait l'une des régions naturelles les plus visitées et les mieux connues du Canada

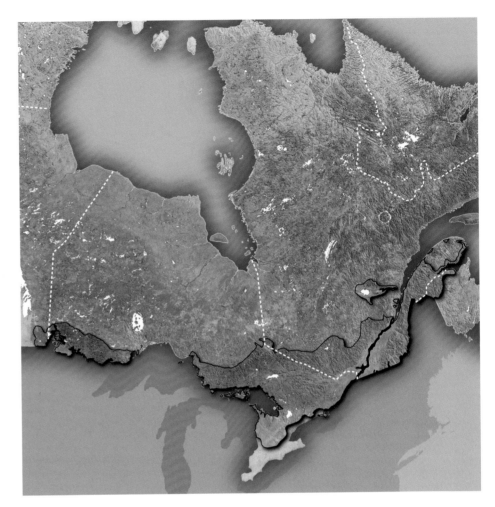

Sur une large bande couvrant le centre-sud de l'Est du Canada s'étendent des forêts caractérisées par leur mélange de conifères et d'arbres feuillus. La forêt des Grands Lacs et du Saint-Laurent couvre 273 690 km², quelque 6,6 % de l'ensemble des terrains forestiers du Canada. Elle commence au sud du Manitoba, où sa limite ouest se trouve juste au sud du lac Winnipeg, et s'étend vers l'est, formant une large étendue au nord de la rivière à la Pluie, des lacs Supérieur et Huron, de la baie Georgienne et de la partie est du lac Ontario. Au Québec, cette forêt suit la rive nord du fleuve Saint-Laurent jusqu'à la ville de Québec, et la rive sud jusqu'à l'extrémité est de la Gaspésie où elle borde l'océan Atlantique.

La forêt des Grands Lacs et du Saint-Laurent comporte une brèche de 300 km au nord du lac Supérieur, entre Thunder Bay et Wawa, dans laquelle s'insère la forêt boréale. Dans le Sud-Ouest de l'Ontario, le long de la rive nord du lac Érié et l'ouest du lac Ontario, la forêt des Grands Lacs et du Saint-Laurent côtoie la forêt carolinienne. Une petite section isolée, à 175 km au nord de la partie continue, encercle le lac Saint-Jean dans le centre-sud du Québec.

La plupart des peuplements de la forêt des Grands Lacs et du Saint-Laurent comportent de fortes composantes de feuillus et de résineux, ainsi qu'un sous-étage luxuriant d'arbustes et de plantes herbacées. La région est souvent considérée comme une zone de transition, intermédiaire entre la forêt boréale, surtout composée de conifères, et la forêt carolinienne au sud. Toutefois, dans les associations particulières de feuillus et de conifères qui s'y retrouvent, on discerne un caractère particulier, aisément reconnaissable, qui nous oblige à y voir plus qu'une simple superposition de deux types forestiers.

Une topographie peu accentuée et un climat estival relativement doux caractérisent la majeure partie de la région. Dans ses extrémités nordiques, le terrain est ondulé et accidenté, marqué par des sols minces reposant sur des affleurements d'anciennes roches précambriennes. À l'ouest du lac des Bois, dans le sud du Manitoba, le paysage devient plat, mal drainé, voire marécageux. La forêt s'éclaircit et se mélange avec la forêt boréale et la prairie à l'ouest. À l'autre extrémité de cette région, en Gaspésie, elle reçoit l'influence modératrice de l'océan Atlantique qui l'entraîne dans

Peuplement mixte (conifères et feuillus) à l'est du lac Supérieur.

Camping en forêt près d'un lac.

Premier gel d'automne dans le parc de la Gatineau au Québec.

CI-CONTRE Perspective le long du sentier Spruce Bog du parc Algonquin en Ontario.

Les rapides Palmer sur la rivière Madawaska en Ontario.

Le renard roux est l'un des mammifères terrestres dont l'aire naturelle est la plus étendue.

Balade en traîneau à chiens dans la vallée de l'Outaouais.

PAGE DE DROITE Peuplement de pin blanc, conifère caractéristique de la forêt des Grands Lacs et du Saint-Laurent.

tilleul d'Amérique, le hêtre à grandes feuilles, le chêne rouge, le frêne rouge, le frêne blanc, le peuplier à grandes dents et l'ostryer de Virginie. Connu dans le monde entier, le coloris automnal spectaculaire de l'Est du Canada, marqué de teintes rouges, jaunes et orangées, est essentiellement dû à ces essences.

Le conifère qui caractérise cette région est le pin blanc, arbre important dans l'histoire du Canada. Cette essence, comme les autres conifères caractéristiques de la région, tels que le pin rouge, la pruche du Canada et le thuya occidental, se présente en combinaisons diverses avec les feuillus communs. Parmi les espèces moins imposantes du sous-étage, on trouve le prunier noir, la viorne flexible et le cornouiller à feuilles alternes, tous largement distribués. Le pin rigide, conifère très peu répandu au Canada, pousse à quelques endroits à l'extrémité est du lac Ontario et plus loin vers l'est le long du Saint-Laurent.

Plusieurs arbres typiques de la forêt boréale s'insinuent dans cette forêt, ou y sont même bien représentés dans toute son aire : le mélèze, le pin gris, l'épinette blanche, le bouleau à papier, le saule de Bebb et le peuplier faux-tremble. D'autres sont typiques de la forêt carolinienne et prolongent leur aire vers le nord : le genévrier de Virginie, le noyer cendré, le caryer cordiforme, le chêne blanc et le cerisier tardif. L'épinette rouge, un conifère appartenant à la forêt acadienne, située à l'est, est présente sous forme de peuplement isolé dans l'est de la forêt des Grands Lacs et du Saint-Laurent, à 200 km de son aire continue.

Un grand nombre de plantes herbacées et d'arbustes profitent du couvert forestier, par exemple le trille rouge, le trille blanc, le maïanthème du Canada, la smilacine à grappes, l'ail des bois, le fraisier des champs, le cypripède tête-de-bélier, l'érythrone d'Amérique et l'oxalide d'Europe, sans compter les arbustes comme la comptonie voyageuse, le dirca des marais, le noisetier à long bec, l'épigée rampante, le houx verticillé et la ronce du Canada.

Le mélange de feuillus et de conifères de cette forêt abrite une variété d'animaux. Les mammifères les plus communs sont le renard roux, le cerf de Virginie, le lièvre d'Amérique, le porc-épic d'Amérique et l'ours noir. Parmi les oiseaux caractéristiques, on note la chouette rayée, la mésange à tête noire, le grand pic, la gélinotte huppée, l'autour des palombes et la buse à épaulettes. De nombreux reptiles et amphibiens y trouvent leur habitat : la couleuvre mince, la couleuvre d'eau, la tortue ponctuée, le necture tacheté, la salamandre cendrée, la tortue mouchetée, la grenouille des bois et le ouaouaron.

Les incendies de forêts et les tempêtes de vent sont les principaux agents de perturbation de la forêt des Grands Lacs et du Saint-Laurent, et comptent parmi les sources de son caractère mixte. Bien qu'ils soient maintenant assez bien maîtrisés par l'intervention humaine, les incendies de forêt ont toujours été présents, à des échelles diverses, les plus gros entraînant la création d'immenses forêts de pin gris, d'épinette noire, de pin rouge et de bouleau à papier. Quand les perturbations survenaient à plus petite échelle, on retrouvait souvent des forêts de pin rouge et de pin blanc persistantes. Les perturbations locales produisaient des trouées dans lesquelles s'établissaient des espèces tolérantes comme la pruche du Canada, l'épinette rouge, le thuya occidental et le sapin baumier, souvent mêlées d'essences feuillues plus petites dans le sous-étage.

La forêt des Grands Lacs et du Saint-Laurent est habitée depuis longtemps par les peuples autochtones. Le réseau étendu de lacs et de rivières qui parsème la région leur

Selon la constitution canadienne, ce sont les gouvernements provinciaux qui ont la responsabilité des terres publiques se trouvant sur leur territoire. Chaque province établit sa propre législation forestière suivant les politiques qu'elle entend mettre en œuvre. La province détermine les niveaux de récolte admissibles, accorde les permis d'exploitation et collecte les droits associés aux activités forestières qui se déroulent sur les terres publiques.

En matière de foresterie, le rôle du gouvernement fédéral concerne les relations internationales liées au commerce des produits forestiers, l'établissement des consensus parmi les divers intervenants, le traitement des affaires autochtones ainsi que la collecte et la diffusion des statistiques nationales. Le leadership national concernant les questions forestières est assumé par le Conseil canadien des ministres des forêts, composé des ministres responsables de ce secteur dans chacune des 10 provinces et des 3 territoires, et de leur homologue fédéral.

permettait de se déplacer rapidement et d'atteindre les terrains de chasse et de rassemblement. On y trouve un peu partout des traces de lieux à connotation culturelle ou spirituelle, parfois marqués de pictogrammes, comme les cimetières, les champs cultivés et les sites traditionnels de campement et de passage pour les portages.

La colonisation européenne a entraîné une modification considérable des écosystèmes de l'Est du Canada. Vers la fin du 18ᵉ siècle, de grands pans de cette forêt ont été abattus, incendiés ou convertis en terres agricoles. Peu après, l'exploitation des ressources forestières est devenue une entreprise organisée, et le bois a vite pris le pas sur l'agriculture et la fourrure comme principal produit d'exportation du Canada. Depuis cette étape, l'histoire de la forêt des Grands Lacs et du Saint-Laurent se confond avec celle du Canada. Nombreuses sont les villes, petites et grandes, de l'Est du Canada, y compris Ottawa, la capitale, dont l'emplacement et l'existence même tiennent au flottage sur les rivières des énormes billes de bois récoltées dans la région.

Durant tout le 19ᵉ siècle, le tiers des recettes des entités administratives canadiennes provenait de la vente du pin blanc. En Ontario par exemple, on estime que les droits

Canotage sur la rivière Madawaska en Ontario.

perçus sur l'abattage de cette espèce constituaient la principale source de revenu de la province jusqu'au début du 20ᵉ siècle. Tandis que les grands pins étaient transformés en pièces idéales pour les mâts de navires, les chênes et les érables se prêtaient au gros œuvre et au planchéiage. La pruche était récoltée en grand nombre pour son écorce, source de tanin, et pour son bois, destiné aux traverses de chemin de fer. Après que l'approvisionnement des chantiers maritimes eut épuisé les réserves de pin blanc, d'autres industries sont venues s'établir tour à tour pour tirer profit de l'épinette, du pin et du sapin comme pièce de charpente ou comme source de fibre pour la fabrication du papier.

Au cours des deux derniers siècles, la structure et la continuité de la forêt des Grands Lacs et du Saint-Laurent ont été altérées en de nombreux endroits. De fait, la forêt d'aujourd'hui est plus fragmentée et composée d'arbres plus petits qu'avant l'arrivée des Européens. Malgré tout, cette forêt demeure un élément intrinsèque du paysage de l'Est du Canada — un écosystème sain, vigoureux et productif. Près de 90 % de cette forêt, c'est-à-dire 245 490 km², sont classés comme terrains forestiers productifs.

Couple de harles dans le parc provincial Algonquin, en Ontario.

Hutte de castor dans le parc de la Gatineau au Québec.

Les défis qui se présentent aux aménagistes contemporains concernent le déclin de la quantité et de la qualité des espèces forestières longévives comme le pin blanc, et le progrès incessant de l'envahissement des peuplements par les espèces pionnières comme le peuplier et le bouleau à papier. La recherche forestière dans cette région consiste donc pour une bonne part à mettre au point des pratiques sylvicoles favorisant la régénération des peuplements actuels de pin blanc et de pin rouge.

Les méthodes actuelles de récolte et de régénération forestière sont variables, compte tenu du caractère mixte et complexe de cette forêt. Dans les endroits dominés par le pin blanc, on a souvent recours à la récolte par coupes progressives. Selon cette méthode, les arbres matures sont récoltés en deux coupes successives ou même davantage. La première coupe augmente la lumière atteignant le parterre forestier, et le couvert restant est une source d'ombre et de semences. Cette méthode favorise la régénération du pin blanc.

Dans les peuplements mixtes comportant des espèces tolérant l'ombre, comme la pruche, l'érable à sucre et le bouleau jaune, on adopte souvent une méthode de

Peuplement de peuplier faux-tremble, signe d'une perturbation forestière.

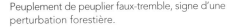
Stephan Rauschenberger fait une récolte jardinée à l'aide de chevaux dans la réserve forestière et faunique de Haliburton en Ontario.

jardinage. On récolte une petite partie de la forêt à la fois et la majorité des arbres demeurent en place pour fournir l'ombre et la semence nécessaires à la régénération.

À la limite nord de la région, zone de transition avec la forêt boréale, des incendies de forêt gigantesques ont mis en place d'immenses forêts équiennes de conifères, souvent dominées par le pin gris, l'épinette noire et le bouleau à papier. Étant donné que ces peuplements sont adaptés aux perturbations naturelles et qu'ils ne peuvent croître, et donc se reproduire, sans la pleine lumière, tous les arbres de taille commerciale sont récoltés en même temps. On laisse souvent quelques arbres à des endroits stratégiques pour servir de banque de semence naturelle, et on complète cette régénération naturelle substantielle par un semis direct ou une plantation.

De très nombreux éléments de l'écosystème de cette forêt font l'objet de recherche scientifique, notamment la diversité des plantes du sous-étage, les formes de succession forestière, les populations d'insectes et les transferts d'éléments nutritifs dans les systèmes forestiers. Les forêts anciennes, et les relations complexes qui

se sont tissées entre les diverses communautés de plantes et d'animaux qui y ont trouvé refuge, suscitent une attention particulière. Le rôle de ces forêts dans le maintien de la diversité biologique à l'échelle locale et régionale est étudié pour voir s'il ne pourrait pas servir d'indicateur de l'aménagement forestier durable.

Les introductions accidentelles d'espèces exotiques comme la spongieuse et de maladies comme la rouille vésiculeuse et le chancre du noyer cendré ont modifié sérieusement la distribution, la qualité et le nombre des espèces composant la forêt des Grands Lacs et du Saint-Laurent. Dans les milieux actuels de la recherche forestière, on s'emploie donc de toutes parts à mettre au point des variétés d'arbres résistantes et des méthodes de lutte écologiques.

La forêt des Grands Lacs et du Saint-Laurent nous procure également de nombreuses ressources non ligneuses, la fourrure, les champignons et les petits fruits, pour n'en nommer que quelques-unes. En 2001, la production de sirop d'érable, produit non ligneux traditionnel de la région, a généré des exportations d'environ 25,9 millions de litres.

Empilement des billes après l'abattage. Seule une faible partie de cette forêt sera récoltée à la fois.

Tyler Peet prend un repos bien mérité. Les petites exploitations forestières sont communes dans la forêt des Grands Lacs et du Saint-Laurent.

Récolte automnale des canneberges à Bala, en Ontario.

La production des petits fruits est l'une des nombreuses ressources forestières non ligneuses.

À DROITE Ben Wang, scientifique de la Forêt expérimentale de Petawawa (Service canadien des forêts), fait la sélection des semences pour l'amélioration du pin blanc.

Au cours des 60 dernières années, les activités récréatives sont devenues très populaires dans cette région forestière. L'écotourisme et les activités de loisir en forêt sont même devenus des éléments importants des économies locales. Des dizaines de milliers de lacs et de rivières sauvages attirent les villégiateurs dans l'arrière-pays de l'Est du Canada. Selon les recherches récréotouristiques qui ont été faites dans la région, les touristes expriment une préférence pour les paysages comprenant des pins blancs et des pins rouges quand ils font du camping, du canotage, de la chasse ou de la randonnée.

La forêt des Grands Lacs et du Saint-Laurent comprend la forêt modèle de l'Est de l'Ontario, dont les 15 000 km^2 couvrent des terrains très variés, y compris la région de la capitale nationale du Canada et certaines terres de la Nation mohawk d'Akwesasne. Dans leur plan de travail, les gestionnaires de cette forêt ont entrepris de surveiller en continu l'état de la forêt, d'évaluer l'efficacité des méthodes de récolte de la sève d'érable et de constituer une base de données sur la biodiversité. Des sites de démonstration y mettent en valeur certaines activités comme la culture

Système racinaire étalé d'un pin blanc.

des plantes indigènes à des fins médicinales, l'aménagement efficace des érablières et l'éclaircie améliorée dans les plantations de pin rouge. Dans l'Est du Québec, certaines parties des 1 131 km² de la Forêt modèle du Bas-Saint-Laurent se trouvent également dans cette région forestière.

Trois des parcs nationaux du Canada sont situés dans cette forêt, dont deux sont en Ontario, le parc des Îles-de-la-Baie-Georgienne et celui des Îles-du-Saint-Laurent, et le troisième au Québec, le parc de la Mauricie. On y trouve également de nombreuses réserves de nature, d'aires de conservation et de parcs provinciaux, y compris le parc Birch Point au Manitoba, le parc Algonquin en Ontario et celui de la Gatineau au Québec.

Le caractère varié, la richesse en espèces, la beauté du coloris automnal et le contexte historique font de la forêt des Grands Lacs et du Saint-Laurent l'une des régions naturelles les plus visitées et les mieux connues du Canada. Source de produits forestiers de haute qualité et proche des secteurs fortement peuplés du sud du pays, tout concourt pour renforcer son statut de forêt d'importance sur le plan écologique et économique.

LA FORÊT CAROLINIENNE

L'avenir de la plus petite et la plus méridionale de nos forêts dépend de l'attention que lui porteront les Canadiens

Au sud des vastes forêts du Grand Nord canadien, et même au sud des colorés peuplements mixtes de la forêt des Grands Lacs et du Saint-Laurent, se trouve une péninsule triangulaire, insérée entre les lacs Sainte-Claire et Huron au nord-ouest et les lacs Ontario et Érié au sud-est. C'est la partie la plus méridionale du Canada, si loin au sud qu'une droite tracée vers l'ouest sur une carte croiserait la limite nord de la Californie. Cette région atypique d'un pays nordique connu pour ses immenses contrées sauvages, c'est la forêt carolinienne.

La forêt carolinienne est répartie sur 550 km de l'est à l'ouest, et elle occupe en tout 4 310 km², à peine 0,1 % de l'ensemble des terrains forestiers du Canada. Vers le nord-est, elle longe les rives ontariennes des lacs Sainte-Claire et Huron entre Windsor et Sarnia et s'étend jusqu'à Goderich. Vers l'est, elle suit la rive nord des lacs Érié et Ontario, sans jamais s'en écarter de plus de 70 km. Au-delà de cette distance, la forêt carolinienne se mélange avec la forêt des Grands Lacs et du Saint-Laurent où les proportions de conifères et de feuillus deviennent plus équilibrées. Juste après Belleville et au nord des dunes du comté de Prince Edward, en Ontario, la forêt carolinienne est à son point

le plus oriental et se fond de nouveau dans la forêt des Grands Lacs et du Saint-Laurent qui occupe les environs.

Des étés humides, chauds à très chauds, et des hivers doux et neigeux caractérisent la région couverte par la forêt carolinienne. La température annuelle moyenne est de 9 °C dans la partie sud-ouest la plus éloignée et de 8 °C plus au nord. D'après certaines recherches, il semble que la frontière nord de la forêt est associée à l'isotherme de 8 °C, la limite de cette partie de l'Ontario où la température diurne moyenne est de 8 °C ou plus sur toute l'année. En été, la température moyenne atteint 18 °C et en hiver elle s'établit à –2,5 °C. Les précipitations annuelles moyennes sont de 750 à 900 mm, distribuées également sur l'ensemble de l'année. En été, la rencontre des masses d'air chaudes et froides, jointe au réchauffement produit par la convection et à la forte humidité amenée par les Grands Lacs environnants, entraîne fréquemment la formation d'orages violents.

Ce nom de « carolinien » fait allusion aux nombreuses espèces de plantes et d'animaux de cette forêt dont le centre de la distribution se situe loin au sud-est, dans la région

Pieds de vigne entremêlés dans la zone de conservation Backus Woods près de Long Point, la plus grande bande de forêt carolinienne ancienne au Canada.

Forêt carolinienne sur l'escarpement du Niagara au nord de Hamilton.

Peuplement inondé de frêne noir et de frêne rouge dans le parc provincial Presqu'ile, près de la limite est de la forêt carolinienne.

PAGE DE DROITE À maturité, le tulipier domine la forêt environnante. C'est la plus grande espèce feuillue de l'Est de l'Amérique du Nord.

de la Caroline du Nord qu'on appelle Piedmont. Plusieurs espèces dont la distribution s'étend jusqu'au golfe du Mexique atteignent au Canada l'extrême limite nord de leur aire. L'un des éléments remarquables de la forêt carolinienne est la proportion relativement faible de conifères. Cette forêt constitue la seule présence au Canada du vaste système forestier à feuilles caduques de l'Est des États-Unis. Une strate inéquienne d'essences feuillues domine les peuplements forestiers, qui en outre comprennent habituellement une strate bien définie d'arbustes et d'arbres de taille moyenne sous le couvert des arbres dominants et sous-dominants.

Bien qu'il s'agisse du type forestier le moins étendu du Canada, la forêt carolinienne recèle un plus grand nombre d'espèces arborescentes indigènes, plus de 70, que tout autre type forestier du pays. Plus de 2 000 plantes, 400 espèces d'oiseaux et 47 espèces de reptiles et d'amphibiens trouvent leur habitat dans cette forêt. Point important, la forêt carolinienne possède également le plus grand nombre d'espèces de plantes et d'animaux considérées comme source de grande inquiétude par le Comité sur la situation des espèces en péril au Canada. Essentiellement à cause de la réduction de leur habitat, résultant de l'urbanisation et des changements d'affectation des terres, le mûrier rouge, le magnolia acuminé, le ginseng à cinq folioles, le triphore penché, le liparis à feuilles de lis et l'oponce de l'Est font face à une disparition imminente du Canada. Le chicot février est menacé et serait bientôt inscrit parmi les espèces en voie de disparition. Le frêne bleu et le ptéléa trifolié sont des espèces préoccupantes en raison de leur sensibilité aux activités humaines et aux perturbations naturelles.

La forêt carolinienne partage certaines caractéristiques avec la forêt des Grands Lacs et du Saint-Laurent. Les deux sont surtout composées d'érable à sucre, de tilleul d'Amérique, de hêtre à grandes feuilles, d'érable rouge et de chêne (rouge, blanc et à gros fruits). Le pin blanc se présente en petits peuplements sur les stations sèches et la pruche du Canada se rencontre sur les versants frais et humides faisant face au nord. Le thuya occidental est présent sur les escarpements et le genévrier de Virginie sur les sites calcaires graveleux ou rocheux.

C'est toutefois la flore et la faune méridionales qui font de cette forêt un lieu si unique au Canada. On y voit en effet, en milieu naturel, des espèces qui ne poussent nulle part ailleurs au pays, dont le cornouiller fleuri, le pommier odorant, le caryer lacinié, le caryer glabre, l'asiminier trilobé, le gainier rouge, le platane occidental, le fusain pourpre, le nyssa sylvestre, le sassafras officinal, le tulipier de Virginie, le chêne noir, le chêne des marais et le chêne nain.

En quelques endroits, la forêt carolinienne présente des aires ouvertes de savane à chêne et de haute prairie. Ces formations rares en Ontario ont été créées par des stress environnementaux comme l'incendie, la sécheresse et l'inondation printanière, et elles en demeurent tributaires. Plusieurs des hautes graminées, notamment le barbon de Gérard, le barbon à balais et le grand boutelou, suscitent des craintes du point de vue écologique en raison de leur faible répartition. Les chênes (noir, blanc, bicolore et des marais), arbres dont la distribution est assez réduite au Canada, sont des composantes importantes des savanes de la région.

Parmi les essences forestières inhabituelles, mentionnons le sumac à vernis, une espèce arborescente proche parente du sumac grimpant, ou herbe à puce, et deux arbres dont on a récemment confirmé le statut d'essence indigène du Canada, le marronnier glabre, qui ne pousse à l'état naturel que dans l'île Walpole, à l'extrémité nord du lac

La Convention sur la diversité biologique (CDB) est un accord général d'envergure mondiale qui se préoccupe de toutes les formes de vie sur la Terre et des processus naturels qui en résultent. L'objectif de la CDB est de conserver la diversité biologique, de promouvoir l'utilisation durable de ses éléments et de mettre en place un partage juste et équitable des avantages découlant de l'exploitation des ressources génétiques.

En 1993, un an après la signature puis la ratification de la Convention, le Canada a intégré la CDB à son système juridique et il a remis à un dépositaire désigné un instrument stipulant qu'il en acceptait les obligations juridiques. La Stratégie canadienne de la biodiversité a par la suite été établie pour guider la mise en œuvre de la CDB.

Sainte-Claire, et le frêne pubescent, une espèce peu connue qu'on trouve à quelques endroits à l'extrémité ouest du lac Érié.

La faune de cette forêt est également exceptionnelle pour le Canada. On y voit par exemple la sarigue, le seul marsupial indigène du pays, l'écureuil fauve et l'écureuil volant. Parmi les oiseaux caractéristiques, il convient de citer le moqueur polyglotte, la paruline à capuchon et l'oriole des vergers. Plusieurs oiseaux migratoires, tels que le moucherolle vert, le troglodyte de Caroline, le gobemoucheron gris-bleu, le pic à ventre roux et la paruline polyglotte atteignent dans la région la limite nord de leur aire de répartition.

Parmi les reptiles et les amphibiens, notons la couleuvre tachetée de l'Est, la couleuvre fauve de l'Est, la couleuvre royale, le crotale massasauga de l'Est, le scinque pentaligne, la tortue-molle à épines de l'Est, la salamandre de Jefferson, le crapaud de Fowler et, espèce rare, la rainette-grillon. Le grand porte-queue, le papillon ocellé et quelque 50 espèces d'araignées et d'insectes dont on ne décèle pas la présence ailleurs au Canada se rencontrent également dans cette forêt.

Une vallée boisée de la réserve naturelle provinciale de Morris Tract, à l'est de Goderich. Située à la limite nord de la forêt carolinienne, la réserve abrite 14 espèces de plantes classées comme rares sur le plan provincial.

La promenade du marais dans le parc national de la Pointe-Pelée sur le lac Érié.

Certains des premiers épisodes de l'histoire canadienne se sont déroulés dans la forêt carolinienne, que certains peuples autochtones habitaient déjà quand les premiers explorateurs français l'ont traversée au 17e siècle. Fuyant les États-Unis après la Révolution américaine, les Loyalistes de l'Empire-Uni ont par la suite colonisé la région. Une bonne partie de la forêt a été abattue et incendiée à cette époque pour faire place aux cultures et aux établissements ruraux et urbains dans ce qui allait devenir le Haut-Canada. Dès 1830, on exploitait le pin blanc dans cette forêt pour alimenter l'industrie du bois d'œuvre, puis la plupart des forêts de feuillus ont subi le même sort en raison de leur bois de haute qualité. Aujourd'hui, la forêt carolinienne est composée surtout de terres agricoles, et la renommée de ses vignes, de ses vergers et de ses fermes maraîchères très productives égale celle de sa flore et de sa faune exceptionnelles.

Bien que la plupart de ses forêts d'origine aient été perdues au fil des ans, quelque 93,5 % de la forêt existante, soit 4 030 km², sont classés comme terrains forestiers productifs. Les travaux d'aménagement forestiers n'y ont pas la même envergure que dans les forêts du Nord, et la récolte se fait plutôt par la sélection et l'abattage individuel

Peupliers deltoïdes dispersés sur les berges du lac Ontario, dans le parc provincial Presqu'ile, près de Belleville.

Savane à chêne noir en régénération après un brûlage dirigé près du parc provincial Turkey Point.

CI-CONTRE Des dunes de sables instables marquent la limite de la forêt le long de la rive ouest du parc national de la Pointe-Pelée.

La forêt carolinienne | 81

Des érables argentés dominent cette plaine inondable de Backus Woods.

Introduits au Canada, les saules pleureurs dorés sont maintenant courants dans les marais et milieux humides de la forêt carolinienne.

des arbres. De nombreuses plantations de pin rouge et de pin sylvestre ont été entreprises dans cette région au début du 20ᵉ siècle. De nombreux vergers fruitiers et même des plantations d'arbres à noix y ont été établis.

Les activités agricoles et l'expansion de l'urbanisation exercent actuellement d'intenses pressions sur la forêt carolinienne. Le couvert forestier naturel et les habitats fauniques ont été considérablement réduits. Environ 7,5 millions d'habitants, c'est-à-dire 25 % de la population canadienne, vivent dans la région. La croissance de cette population ne fera qu'augmenter les menaces qui pèsent sur les secteurs boisés. De fait, la forêt carolinienne actuelle est maintenant réduite à moins de 10 % de son étendue initiale et les fragments qui en restent sont entourés de terrains agricoles et de prolongements urbains. Les savanes à chêne et les hautes prairies ont subi ces effets de plein fouet et ne constituent maintenant que 5 % de leur étendue originelle.

La valeur des boisés privés et des aires de conservation implantés dans cette forêt est de plus en plus reconnue comme une ressource inestimable sur le plan économique et génétique. On a mis au point des programmes de sensibilisation et des méthodes d'aménagement visant à restaurer les forêts anciennes, et on encourage les propriétaires de boisés à recréer les conditions qui prévalaient dans cette forêt avant l'arrivée des Européens. Les lignes directrices visant le maintien des attributs d'origine concernent notamment la conservation des ouvertures dans le couvert forestier, la revalorisation de la végétation au sol et le maintien des « chicots », ces arbres morts qui servent d'abri à de nombreuses espèces animales.

De nombreux intervenants, comme les organismes horticoles, les jardins botaniques et les arboretums, travaillent à documenter, préserver et propager les diverses espèces qui composent la forêt carolinienne. Des programmes universitaires appuyés par le gouvernement se penchent sur le rétablissement et la réintroduction de l'orme d'Amérique et du châtaignier d'Amérique, deux espèces gravement affectées par des pathogènes fongiques exotiques. D'autres programmes sont axés sur l'analyse de l'ADN du mûrier rouge, une espèce devenue rare par suite de son hybridation avec une espèce proche mais non indigène, le mûrier blanc. On en trouve seulement six populations au Canada, toutes dans la forêt carolinienne. Les populations de plantes et d'animaux qui se trouvent dans cette forêt à la limite nord de leur aire de répartition constituent une ressource génétique particulièrement importante, car elles peuvent signaler les changements climatiques à venir.

La valeur écologique et les qualités uniques de la forêt carolinienne sont reconnues par les Canadiens et leurs gouvernements. De nombreux regroupements et organismes non gouvernementaux se consacrent à la préservation, à la restauration et à l'aménagement durable de la forêt, et plusieurs parcs provinciaux et zones de conservation y ont été établis. Les parcs provinciaux se nomment entre autres The Pinery, Rondeau, Short Hills et Presqu'île, et les réserves naturelles provinciales, Ojibway Prairie, Fish Point et Trillium Woods. Le parc national de la Pointe-Pelée se trouve ici, au point le plus méridional du Canada continental. Célèbre pour son climat et sa géographie, il fait en particulier la joie des ornithologues qui en profitent pour observer le passage des oiseaux migrateurs qui traversent régulièrement cette région.

Aucune autre forêt canadienne n'est sans doute aussi dépendante que la forêt carolinienne de l'intérêt et de l'intervention de la population qui l'habite. Son existence ne sera assurée que si sa diversité biologique prend à nos yeux une importance suffisante pour nous amener à prendre des mesures de conservation et de protection énergiques, afin de contrer l'énorme pression exercée par l'augmentation de la population et l'utilisation du territoire à d'autres fins. La survie de la forêt carolinienne du Canada révélera la durabilité de toutes les forêts du pays, grandes ou petites.

Peuplement ouvert de chêne noir à maturité dans le parc provincial Rondeau.

John E. Brownlie, un naturaliste du parc, assiste les ornithologues amateurs dans le parc national de la Pointe-Pelée; 370 espèces d'oiseaux migrateurs ont été observées ici.

FORÊTS DE L'OUEST

Forêt subalpine des hauteurs du col Little High-wood, dans la région de Kananaskis, en Alberta.

Dans les provinces situées à l'extrémité ouest du Canada, l'Alberta et la Colombie-Britannique, une série de systèmes montagneux escarpés, chacun composé de plusieurs chaînes distinctes, exercent une action profonde sur le climat régional et la végétation. On y distingue quatre types de forêts : subalpine, du Columbia, montagnarde et côtière. La topographie influence leur distribution bien davantage que dans l'Est du Canada, de sorte que les forêts de l'Ouest forment des strates disposées en étages entre le niveau de la mer, ou le fond des vallées, et la limite de la zone arborée des hautes montagnes.

Du nord au sud, l'ensemble des forêts de l'Ouest couvre environ 10 degrés de latitude, depuis la forêt boréale au nord de la Colombie-Britannique jusqu'à la limite sud du pays, au 49e parallèle. Les espèces et associations végétales y sont soumises aux conditions climatiques locales et aux masses d'air froid venues de l'Arctique qui affectent le sud en s'engouffrant dans les vallées séparant les chaînes de montagnes. De l'ouest à l'est, les conditions varient profondément. L'influence maritime s'y fait sentir à faible altitude le long de la côte, mais à l'intérieur des terres le climat continental prévaut jusqu'à une altitude assez élevée.

Les forêts de l'Ouest canadien comprennent un pourcentage inhabituel d'arbres matures et surannés. Le développement tardif de la récolte forestière dans l'Ouest, par rapport à ce qui s'est passé dans l'Est du Canada, et la lutte efficace contre les incendies de forêt ont créé des écosystèmes comprenant des arbres énormes d'une grande valeur commerciale, et de nombreux peuplements anciens qui augmentent la diversité de l'habitat faunique.

Isolées par la géographie et composées d'un grand nombre d'écosystèmes et de types d'habitat, les forêts de l'Ouest sont les plus diversifiées du Canada sur le plan biologique. Plus de 50 % de toutes les espèces de mammifères indigènes du Canada trouvent un habitat dans les deux provinces les plus à l'ouest du Canada, et la Colombie-Britannique abrite même 29 espèces de mammifères qu'on ne trouve nulle part ailleurs au pays. Plus de 70 % des espèces d'oiseaux qui résident au Canada sont présents en Colombie-Britannique, province qui en compte plus que toute autre au pays, et où l'on trouve en outre 21 espèces indigènes d'amphibiens et 17 de reptiles.

L'importance de conserver cette richesse biologique a été reconnue, et 13 % du territoire de la Colombie-Britannique, c'est-à-dire 125 000 km², est constitué de terres protégées où toute récolte de bois est interdite, ainsi que toute autre forme d'exploitation de la ressource. Cette superficie comprend les parcs et les réserves naturelles de la province (113 000 km²), y compris le Kitlope Heritage Conservancy (3 211 km²), où se trouve la plus grande forêt pluviale tempérée du monde encore intacte, et le Khutzeymateen Grizzly Bear Sanctuary (449 km²), seul refuge de grizzlis au Canada.

Les forêts de l'Ouest sont d'une extraordinaire productivité. Environ 42 % des forêts de la Colombie-Britannique, quelque 250 000 km², sont classées comme commerciales et disponibles pour la récolte; elles sont à l'origine de 85 % du contreplaqué produit au Canada et de presque la moitié des exportations de résineux du pays. Pourtant, on n'y récolte qu'environ 1 900 km² par année.

Une bonne part de la recherche sur les forêts de l'Ouest concerne l'analyse de la composition du paysage, la mise au point d'outils de prise de décision et l'impact des diverses méthodes d'aménagement forestier sur la biodiversité et les autres valeurs forestières. Depuis quelques temps, la protection des peuplements forestiers contre les insectes, particulièrement le dendroctone du pin ponderosa, et certains pathogènes et parasites comme le pourridié-agaric et le faux-gui monopolisent beaucoup d'énergie.

Les chercheurs travaillent également à mieux comprendre la croissance, le rendement et les mécanismes de régénération de la forêt, ainsi que les cycles et la dynamique de ses éléments nutritifs. On s'intéresse particulièrement aux méthodes permettant de mesurer les processus forestiers et de surveiller l'évolution de la biodiversité forestière. Ces méthodes peuvent en effet trouver des applications directes dans la création de régimes sylvicoles et de modes de gestion efficaces, mais écologiques. Les aspects socio-économiques de l'aménagement des forêts, le savoir traditionnel des Autochtones et les produits forestiers non ligneux constituent des domaines de recherche forestière en pleine croissance.

L'isolation géographique de l'Ouest du Canada, le terrain montagneux, les conditions climatiques particulières et la venue récente de l'exploitation de la ressource ont créé la diversité actuelle des forêts sur le plan du paysage, des espèces et des types de bois et expliquent, du moins en partie, pourquoi ces forêts suscitent autant d'intérêt, de respect et de passion au Canada et dans le monde entier.

Pin tordu latifolié dans la forêt du Columbia près du Weigert Creek, en Colombie-Britannique.

Douglas bleu dans la forêt montagnarde près d'Osoyoos en Colombie-Britannique.

LA FORÊT
SUBALPINE

La forêt subalpine est une combinaison unique de peuplements productifs et d'arbres épars et rabougris

La forêt subalpine se présente sur les flancs de montagnes de la Colombie-Britannique et de l'Ouest de l'Alberta. Ses peuplements de conifères sont spécialement adaptés aux rigueurs de la haute altitude. Cette forêt couvre 165 690 km², c'est-à-dire 4,0 % de l'ensemble des terrains forestiers du Canada. Elle commence à l'altitude où prennent fin les forêts côtière, montagnarde et du Columbia, et elle s'étend jusqu'à la limite de la zone arborée, remplacée à son tour par les prairies alpines, les glaciers et les amoncellements de neige. D'une biologie riche et diversifiée, elle comprend des secteurs fortement contrastés. Dans certaines parties, en effet, on y trouve en abondance des peuplements denses hautement productifs où les épinettes d'Engelmann atteignent 15 m de hauteur en cinquante ans, et dans d'autres, aux confins de la zone arborée, des peuplements épars et rabougris où les plus vieux arbres n'ont que quelques mètres de hauteur à cent ans.

Le climat est hautement variable dans la forêt subalpine. En général, les étés sont frais et marqués de gelées hâtives, tandis que les hivers sont longs et froids. La moyenne des températures estivales atteint environ 12 °C en de nombreux endroits de la région,

Épinette d'Engelmann et sapin subalpin le long du Ptarmigan Creek, au nord-ouest de McBride, en Colombie-Britannique.

tandis qu'elle fluctue en hiver entre −6,5 et −11 °C. Dans certaines parties de cette forêt, le sol est couvert de neige huit mois par année.

La succession forestière est régie par de nombreux facteurs. Jusqu'à l'instauration de mesures efficaces de lutte contre le feu, dans les 50 à 60 dernières années, l'incendie de forêt en était le facteur prépondérant, surtout dans les stations sèches et rocailleuses qu'affectionne le pin tordu latifolié. Une bonne partie de la forêt subalpine a ainsi pu être récoltée, et le reboisement est devenu la principale cause de remplacement des peuplements. Les facteurs naturels de perturbation, y compris le dendroctone du pin ponderosa, les maladies comme le pourridié, les grandes tempêtes, les vents violents, les avalanches et les glissements de terrain, contribuent également au processus de régénération de cette forêt.

La forêt subalpine se divise en deux types : le premier croît le long de la côte du Pacifique et le second dans l'intérieur de la Colombie-Britannique et en Alberta. Le long du Pacifique, la forêt subalpine est composée de cyprès jaune, de pruche subalpine, de pruche de l'Ouest, de sapin gracieux et de sapin subalpin. On n'y trouve aucune

Le pin tordu latifolié et l'épinette d'Engelmann sont communs dans la forêt subalpine.

La forêt côtoie des prairies alpines le long de ce sentier du col Highwood, en Alberta.

PAGE DE DROITE Dans les stations humides, le parterre forestier est tapissé de mousses, d'arbustes et de plantes herbacées.

espèce d'épinette. Des parcelles isolées de forêt subalpine se sont formées au sommet de la chaîne centrale de l'île de Vancouver, entourées de forêt côtière sur les pentes inférieures. La forêt subalpine qui occupe les hauteurs des îles de la Reine-Charlotte est composée d'espèces similaires, sauf le sapin.

Dans les chaînes de montagnes intérieures de la Colombie-Britannique et de l'Alberta, la forêt subalpine est dominée par l'épinette d'Engelmann, le sapin subalpin et le pin tordu latifolié. Dans les secteurs de faible altitude de ces régions, ces espèces sont abondantes, formant une forêt luxuriante à couvert fermé. L'épinette blanche est également commune, ainsi que les hybrides qu'elle forme avec l'épinette d'Engelmann, mais elle disparaît graduellement avec l'altitude. Dans les stations sèches de l'Intérieur situées à des altitudes moyennes, de grandes forêts de pin tordu latifolié forment un élément caractéristique, résultat d'anciens incendies de forêt. Le douglas bleu et le genévrier des Rocheuses sont des composantes mineures de cet ensemble forestier.

En altitude à l'intérieur du pays, le sapin subalpin devient l'essence dominante, le pin à blanche écorce occupant, dans la majeure partie de la région, les crêtes rocheuses et les pentes exposées près de la limite de la zone arborée. Le pin flexible et le mélèze subalpin se plaisent dans des stations similaires et aux mêmes hauteurs, mais leur aire de répartition ne s'étend qu'aux sections sud des montagnes Rocheuses en Colombie-Britannique et en Alberta. Au-dessus de la limite des arbres, la bruyère, la dryade de Hooker et des plantes colorées telles que le phlox diffus et la saxifrage cespiteuse forment des prairies alpines.

À l'ouest des montagnes Rocheuses, dans l'Intérieur de la Colombie-Britannique, la forêt subalpine est fragmentée. Elle occupe les hautes terres, entourée à basse altitude et dans les vallées par les forêts montagnarde, côtière ou du Columbia. Dans le Sud-Est de la Colombie-Britannique, à sa limite inférieure, la forêt subalpine chevauche celle du Columbia et les deux s'entremêlent. À l'est des montagnes Rocheuses, et dans les avant-monts de l'Ouest de l'Alberta, la forêt subalpine se confond avec la forêt boréale. L'épinette blanche y côtoie l'épinette d'Engelmann, puis la remplace, et le pin tordu latifolié est commun dans les grandes étendues incendiées. Au sud de Calgary, en Alberta, la forêt subalpine borde la forêt-parc à peuplier faux-tremble et la prairie à graminées.

Environ 89,3 % de la forêt subalpine, c'est-à-dire 147 940 km², sont classés comme productifs. En termes de volume de bois au kilomètre carré, dans les secteurs boisés et productifs, le rendement de la forêt subalpine ne le cède au Canada qu'à la forêt côtière.

Parmi les arbustes et les plantes herbacées associées à la forêt subalpine, on note l'érable nain, la symphorine de l'Ouest, la shépherdie du Canada, le genévrier commun, la menziésie ferrugineuse, l'airelle à feuilles membraneuses, l'arnica à feuilles cordées, le quatre-temps et la linnée boréale. Dans les sites relativement humides, le parterre forestier est souvent couvert d'une grande variété de mousses et de lichens comprenant des espèces comme l'hylocomie brillante, le dicrane à balai et la peltigère aphteuse.

La forêt subalpine compte parmi ses mammifères communs le grizzli, l'orignal, le coyote, le lynx du Canada, la marmotte des Rocheuses, le cerf-mulet et la chèvre de montagne. Parmi les oiseaux, on voit notamment la buse à queue rousse, la mésange de Gambel et le bec-croisé des sapins, et parmi les quelques amphibiens qui s'y réfugient, jusqu'à une altitude relativement élevée, on note la grenouille maculée de l'Oregon, la grenouille du Nord à pattes rouges et la grenouille-à-queue côtière.

Les forêts du Canada et les produits qu'elles procurent au monde entier jouent un rôle important dans l'économie canadienne. En 2002, les activités forestières comptaient pour près de 361 000 emplois. Plus de 300 collectivités canadiennes donnent la foresterie comme première source d'emploi. Et si elles fournissent en abondance des produits de consommation, les forêts canadiennes sont également le siège d'une prospère industrie touristique et récréative. Plusieurs milliards de dollars sont en effet dépensés chaque année dans les activités de plein air reliées aux aires naturelles, à l'observation de la faune, à la pêche récréative, à la chasse et à d'autres passe-temps voisins.

La recherche portant sur la forêt subalpine s'intéresse à la réaction des écosystèmes forestiers situés en altitude devant diverses techniques de récolte et de préparation de terrain. Certaines études cherchent également à approfondir l'intégration à l'échelle du paysage des valeurs ligneuses et non ligneuses, y compris les activités de plein air et le tourisme, ainsi que la protection des bassins versants, des habitats fauniques et des panoramas. Pour les gestionnaires forestiers, cette recherche sert de guide dans la planification des méthodes de rechange pour l'aménagement de cette forêt exceptionnelle.

Certaines sections de la forêt modèle Foothills, d'une superficie de 27 500 km², y compris certaines parties du parc national Jasper, se trouvent dans la forêt subalpine. La forêt modèle est composée de plus de 60 partenaires représentant l'industrie, les universités, les gouvernements et les collectivités locales. La recherche exécutée dans la forêt modèle concerne l'impact de l'utilisation de la ressource forestière sur l'environnement et l'économie de la région, et la mise au point de méthodes qui nous permettraient de mesurer la durabilité des forêts sur le plan écologique, économique et social.

Près de Golden, en Colombie-Britannique, ces randonneurs participent à une course visant à tester leur endurance.

Le cerf-mulet occupe les pentes abruptes et les forêts ouvertes de conifères.

À DROITE Le parc provincial Mount Robson fait partie des Parcs des montagnes Rocheuses canadiennes, l'une des plus grandes aires protégées du monde, inscrite sur la liste du patrimoine mondial.

Les paysages de la forêt subalpine du Canada ont une renommée mondiale. La découverte, en 1883, d'une source d'eau thermale à Banff, en Alberta, a mené à l'établissement du plus ancien parc du Canada, probablement le plus célèbre, et du lieu historique Cave and Basin Hot Springs. Le lac Louise et le parc national Jasper en Alberta attirent également nombre de visiteurs du monde entier. Les remonte-pentes des skieurs et les télécabines qui amènent les visiteurs au sommet des montagnes leur procurent une vue spectaculaire de la composition changeante de la forêt.

Outre ceux de Banff et de Jasper, plusieurs parcs nationaux de la Colombie-Britannique comprennent des sections de la forêt subalpine : Kootenay, Yoho et Mont-Revelstoke. Plusieurs parcs provinciaux mettent également cette forêt en valeur, notamment Willmore Wilderness Park, en Alberta, et Strathcona et Kakwa en Colombie-Britannique.

Multiple et intrigante, la forêt subalpine présente une combinaison unique de peuplements forestiers très productifs, d'essences forestières spécialisées, de paysages spectaculaires, d'habitats fauniques et de possibilités récréatives à nulle autre pareilles.

Les cours d'eau sont ponctués de chutes dans la région accidentée du parc national des Glaciers, en Colombie-Britannique.

LA FORÊT DU
COLUMBIA

Peu étendue, la luxuriante forêt de l'Intérieur est néanmoins productive et richement diversifiée

L'humidité abondante de la forêt du Columbia favorise l'établissement d'une végétation luxuriante similaire à celle de la forêt côtière.

Une forêt semblable à la luxuriante et productive forêt côtière s'étend dans le Sud-Est de la Colombie-Britannique. C'est la forêt du Columbia, qui couvre 39 080 km², soit 0,9 % de l'ensemble des terrains forestiers du Canada. Cette forêt doit sa richesse et sa diversité aux masses d'air humides qui, en se déplaçant vers l'est, déversent des précipitations sur les chaînes de montagnes de l'Intérieur, quand celles-ci les forcent à prendre de l'altitude.

Les été longs et chauds sont communs dans la forêt du Columbia, la couche neigeuse de l'étage alpin fournissant une humidité additionnelle au cours de la saison chaude. Les hivers sont frais et humides. Les températures moyennes de la région sont de 14 °C en été et de –5 °C en hiver. Les précipitations annuelles moyennes peuvent s'élever à 1 200 mm, mais, vers l'ouest, à la lisière de cette forêt, le climat est plus sec et les précipitations tombent à 500–800 mm annuellement.

La luxuriance végétale de la forêt du Columbia prend forme au creux des vallées profondes et s'étend jusqu'aux environs de 1 200 m, où la forêt subalpine prend le relais. À l'ouest et au sud, où les précipitations et la croissance des plantes sont plus

faibles, le long des pentes et des vallées inférieures, à moins de 750 m environ, la forêt du Columbia fait place à la forêt montagnarde ou à la prairie sèche.

Près de la lisière nord de la forêt du Columbia, le sapin subalpin est plus fréquent, ainsi que l'épinette blanche, l'épinette d'Engelmann et leurs hybrides immédiats. Dans les stations sèches, en particulier sur les brûlis, on trouve des peuplements étendus de douglas bleu. Le long des cours d'eau et sur les dépôts de sédiments et de gravier amenés par les eaux, le peuplier de l'Ouest se mêle au thuya géant et à l'épinette d'Engelmann. Dans les stations humides, le long du cours supérieur du Fraser, des peuplements épars d'épinette noire prennent place, mêlés d'épinette blanche.

Les parties les plus humides de la forêt du Columbia sont souvent désignées comme la ceinture humide de l'Intérieur ou la forêt pluviale tempérée de l'Intérieur. Bien sûr, plusieurs des espèces arborescentes adaptées aux conditions humides de la forêt côtière sont ici florissantes. Le thuya géant et la pruche de l'Ouest sont dominants dans les vieux peuplements, mais dans les stations sèches, ils sont parfois associés au douglas bleu ou au pin ponderosa. Le sapin grandissime est souvent présent, et le bouleau à

Le bois piquant, un arbuste grossier adapté aux sols humides et aux sites traversés par des ruisseaux se voit beaucoup dans la forêt du Columbia.

Peupliers de l'Ouest dans la vallée de la rivière Elk, près de Hosmer.

Thuya géant, épinette d'Engelmann et sapin subalpin dans une partie nordique de la forêt du Columbia près du Bounding Creek.

Massif ancien de douglas bleu près du Killam Creek.

PAGE DE DROITE Un ancien chemin forestier près de Rossland.

papier profite fréquemment des ouvertures laissées par les attaques de pourridié. Le peuplier de l'Ouest est commun dans le fond des vallées et dans les plaines d'épandage. De petits arbres, comme le cerisier amer, l'if de l'Ouest, le nerprun cascara, l'amélanchier, l'aubépine, l'érable nain et le sureau bleu, communs dans la forêt côtière, se plaisent également dans celle-ci.

La forêt du Columbia diffère de la forêt côtière sur plusieurs plans. Le mélèze de l'Ouest par exemple, absent de la forêt côtière, est commun dans les sites perturbés du sud de la forêt du Columbia. Celle-ci est également touchée davantage par des perturbations comme l'incendie, le vent, les insectes et les avalanches. Dans le passé, favorisée par des sécheresses estivales, la foudre allumait des incendies d'intensité moyenne qui créaient dans la forêt des ouvertures parsemées de peuplements d'âges variés et de composition diverse. De nos jours, la lutte contre les incendies est habituellement efficace et le feu n'est pas un facteur aussi important qu'avant dans la succession forestière.

Parmi les plantes et les arbustes typiques du riche sous-bois de la forêt du Columbia, il convient de citer le quatre-temps, le gaylussaccia à feuilles bacciformes, la ronce parviflore, l'airelle à fruits roses, la tiarelle cordifoliée, le lis du Canada, le gaillet boréal, de nombreuses mousses et des lichens variés, le bois piquant, le pachistima myrte, l'airelle à feuilles ovées, le gymnocarpe disjoint et la clintonie uniflore. En altitude moyenne, on trouve communément, sur les brûlis, l'azalée blanche, le gaylussaccia à feuilles bacciformes et l'épilobe à feuilles étroites.

Le cerf-mulet, le spermophile du Columbia, le grizzli, l'ours noir, le caribou des forêts, la chèvre de montagne et le wapiti sont quelques-uns des mammifères qu'abrite cette forêt. Parmi les nombreux oiseaux qui y trouvent refuge, mentionnons la mésange à dos marron, le pipit d'Amérique, le mésangeai du Canada, le bruant à couronne dorée, le geai de Steller, la gélinotte huppée, le lagopède à queue blanche et le grand pic. On y trouve également, parmi les reptiles et les amphibiens, la tortue peinte de l'Ouest, le crapaud de l'Ouest, la grenouille maculée du Columbia, la salamandre à longs doigts, le lézard-alligator boréal, le boa caoutchouc et la couleuvre de l'Ouest.

Mélange de vieux peuplements à fort cubage et de peuplements de seconde venue soigneusement aménagés, la forêt du Columbia constitue une partie importante de l'industrie forestière de la Colombie-Britannique. Quelque 36 190 km², c'est-à-dire 92,6 % de cette forêt, sont classés comme productifs. En raison de sa forte productivité et de sa situation facilement accessible sur les pentes inférieures des montagnes, une bonne partie de la forêt a été mise en valeur pour la production ligneuse. L'économie locale comprend également l'exploitation minière et la production d'hydro-électricité.

Les activités de plein air sont une ressource importante pour l'économie régionale de la forêt du Columbia. La forêt ancienne à thuya géant et à pruche de l'Ouest attire les amateurs d'écologie forestière. La randonnée, la chasse et l'escalade y sont des passe-temps populaires, tout comme la pêche et le canotage sur ses nombreux lacs.

Plusieurs parcs de la Colombie-Britannique touchent à la forêt du Columbia : les parcs nationaux des Glaciers et du Mont-Revelstoke, dans leur partie de faible altitude, et les parcs provinciaux Gilnockie, Gladstone et Wells Gray.

Une forêt pluviale à l'intérieur des terres, riche en diversité biologique, importante pour ses ressources économiques, mais limitée géographiquement en étendue et en altitude, la forêt du Columbia est l'exemple type de la spécialisation écologique au cœur de l'ensemble forestier canadien.

En 2001, le commerce canadien des produits forestiers présentait un excédent commercial de 34 milliards de dollars, c'est-à-dire 58 % de l'excédent de la balance commerciale du Canada qui s'établissait à 59,4 milliards de dollars. Toutes les provinces et territoires du Canada avaient un excédent commercial dans le secteur des produits forestiers.

Le Canada est le plus grand exportateur mondial de produits forestiers, lesquels représentaient en 2001 quelque 18,4 % des échanges mondiaux à ce chapitre.

En termes de production, le Canada fournit 21,7 % du papier journal mondial, 14,9 % de la pâte à papier et 17,2 % du bois d'œuvre résineux.

LA FORÊT
MONTAGNARDE

Forêt-parc située à l'est de la chaîne Côtière, la forêt montagnarde est complexe, variée, sauvage et fragile

PAGES PRÉCÉDENTES L'action du vent et de l'eau a créé ces cheminées des fées dans la forêt montagnarde près de Fairmont Hot Springs, en Colombie-Britannique.

Avec la réduction des incendies de forêt, le pin tordu latifolié est devenu l'essence la plus commune de la forêt montagnarde.

Dans les terres montagneuses du centre de la Colombie-Britannique, on trouve des peuplements forestiers complexes et diversifiés qui se sont adaptés à l'immense zone sèche située à l'est de la chaîne Côtière, dans l'ombre pluviométrique de celle-ci. C'est la forêt montagnarde, extension nordique des forêts qui sont établies sur les terres ondulées ou montagneuses de l'Oregon, du Washington, de l'Idaho et de l'Ouest du Montana. La forêt montagnarde occupe, dans l'échelle des altitudes, la strate inférieure à celle de la haute forêt subalpine, à l'écart des vallées luxuriantes et bien arrosées de la forêt adjacente, celle du Columbia. La forêt montagnarde est généralement une forêt-parc. Dans les stations les plus sèches, rocheuses ou sablonneuses, elle fait place à la prairie. Dans l'époque récente, toutefois, l'élimination généralisée des incendies de forêt dans cette région a entraîné la formation de peuplements forestiers beaucoup plus denses que les forêts d'origine postglaciaire.

En Colombie-Britannique, la forêt montagnarde couvre une bonne partie de l'Intérieur, s'étendant au nord sur les plateaux du fleuve Fraser et de la rivière Nechako. Plus à l'est, dans l'ombre pluviométrique des monts Selkirk et Purcell, la forêt longe la

La forêt montagnarde sur les rives du Fraser, à l'ouest de Williams Lake.

rivière Kootenay. Sur les pentes orientales des Rocheuses, dans le Sud-Ouest de l'Alberta, on trouve trois secteurs isolés et fragmentés de la forêt montagnarde. Le premier longe la rivière Athabasca, au nord de Jasper; le second est à l'ouest de Calgary, entre Banff et Kananaskis; et le troisième se situe dans les régions de Porcupine Hills et de Waterton Lakes. La forêt du Columbia occupe dans l'ensemble quelque 120 750 km², soit 2,9 % de l'ensemble des terrains forestiers du Canada.

Le pin tordu latifolié est devenu l'essence la plus commune de la forêt montagnarde. Il constitue en effet quelque 30 % des peuplements de la région sèche du Sud-Ouest de la Colombie-Britannique, et 60 % de ceux des plateaux du Fraser et de la Nechako. Il est en fait progressivement plus répandu vers l'extrémité nord de la forêt où il forme parfois des peuplements purs. Sur la moitié sud du plateau de la Nechako, les peuplements de pin tordu latifolié alternent avec les tremblaies, caractéristiques des sites humides.

Le douglas bleu, celui de l'Intérieur, est une espèce caractéristique dans la majeure partie de la forêt montagnarde. Sa distribution s'étend de la frontière américaine au nord du 55e degré de latitude, à la jonction de la forêt subalpine. Plus petit mais plus massif

Dans le creux pluviométrique de la vallée de l'Okanagan, la forêt montagnarde fait place à la prairie.

Les peuplements de la forêt montagnarde s'éclaircissent et se transforment en forêt-parc avec la raréfaction de l'humidité disponible.

PAGE DE DROITE Les graminées et les armoises remplacent la forêt dans les vallées sèches de l'Intérieur.

que la variété côtière de l'espèce, le douglas bleu, dont la croissance est également plus lente, est mieux adapté au froid et à la sécheresse. Le couvert végétal qui accompagne les peuplements de douglas bleu est souvent composé exclusivement de calamagrostide rouge, quoique sur les sites les plus secs, où les peuplements sont progressivement plus ouverts et caractéristiques de la forêt-parc, l'agropyre, la koelérie à crêtes et la fétuque deviennent communs.

Le pin ponderosa est la troisième essence caractéristique de la forêt montagnarde. Plus méridional et moins répandu au Canada que le douglas bleu, il ne pousse pas au nord du 51e degré de latitude nord. Aux États-Unis, le pin ponderosa a une aire très étendue, mais au Canada il est relégué aux faibles hauteurs dans les vallées peu arrosées. Dans la forêt montagnarde, cette espèce accompagne normalement le douglas dans les peuplements ouverts des prairies à fétuques.

Dans l'Est de la Colombie-Britannique, où la forêt montagnarde côtoie celle du Columbia, des espèces aimant l'humidité comme le thuya géant, la pruche de l'Ouest et le mélèze de l'Ouest sont également présentes. En altitude, à la jonction des forêts montagnarde et subalpine, l'épinette d'Engelmann et le sapin subalpin occupent la zone de transition. À son extrémité la plus nordique, la forêt montagnarde se mêle à la forêt subalpine. Le douglas s'y maintient, épars, dans les stations favorables, mais les spécialistes de l'altitude et des climats froids comme le pin subalpin, l'épinette d'Engelmann et l'épinette blanche, ainsi que les hybrides de celles-ci, sont les plus communs.

Sur les brûlis, le pin tordu latifolié, le peuplier faux-tremble et le bouleau à papier de l'Ouest sont les espèces dominantes, le peuplier de l'Ouest occupant les rives des lacs et des cours d'eau. À l'est des Rocheuses, en Alberta, le douglas et le pin tordu latifolié sont communs sur les pentes chaudes et sèches, remplacés ailleurs par l'épinette blanche et l'épinette noire et, en altitude, par l'épinette d'Engelmann, le sapin subalpin et le pin à blanche écorce. Le pin flexible occupe les affleurements rocheux et les sols rocailleux à basse altitude.

La topographie et la géographie de la forêt montagnarde se combinent pour produire un climat hautement variable. Dans les grandes vallées du Sud-Ouest, la température estivale moyenne est d'environ 15 °C et la température hivernale moyenne de −3,5 °C, les précipitations annuelles moyennes étant limitées à quelque 250 à 300 mm. Plus au nord, sur les grands plateaux, les précipitations sont plus abondantes, variant de 400 à 600 mm. Dans les sections nord-ouest de la forêt montagnarde, le long des avant-monts intérieurs de la chaîne Côtière, au centre de la Colombie-Britannique, la température moyenne est d'environ 12,5 °C en été, et de −7 °C en hiver, avec des précipitations supérieures en altitude, c'est-à-dire 600 mm. Les hivers sont souvent rigoureux et la neige peut recouvrir le sol jusqu'à cinq mois.

Le feu a joué un rôle critique dans la formation et le maintien de la forêt montagnarde. En conditions naturelles, la fréquence et l'intensité des incendies déterminent le type et l'âge des forêts, maintenant un équilibre entre la savane dépourvue d'arbre et la forêt-parc. Dans les stations les plus sèches dominées par le pin ponderosa, de petits incendies se déclarent dans le sous-bois à tous les 15 à 25 ans. De même, les sites favorables au douglas connaissent des incendies de faible intensité qui s'étendent en moyenne sur moins de 0,5 km² tous les 10 à 20 ans. Les deux espèces se sont adaptées à ce cycle en se garnissant d'une écorce suffisamment épaisse pour résister au feu, du moins les arbres matures faisant face à un incendie au sol d'intensité modérée. Le cycle régulier

Les incendies détruisent annuellement 32 000 km^2 de forêts canadiennes en moyenne. D'autres perturbations, notamment les insectes et les maladies, en affectent pour leur part 60 000 km^2. C'est donc environ 1,6 % des forêts canadiennes qui sont touchées annuellement par ces perturbations. Pour sa part, la récolte du bois concerne annuellement quelque 10 000 km^2 de forêts, c'est-à-dire 0,24 % des terrains forestiers canadiens.

d'incendies au sol consume les plantes herbacées, les arbustes et les jeunes arbres, ce qui perpétue le caractère de forêt-parc de la forêt montagnarde.

On estime que les incendies de grande intensité se produisent à des intervalles de 150 à 250 ans. Ces incendies consument la cime des arbres parvenus à maturité ainsi que les plantes herbacées du sous-bois, éliminant par conséquent tous les arbres, jeunes ou vieux. Les peuplements forestiers qui se développent à la suite de ces perturbations catastrophiques sont souvent composés exclusivement de pin tordu latifolié, une espèce dont les graines germent bien sur les brûlis.

À maturité, les peuplements de pin tordu latifolié sont une cible de choix pour le dendroctone du pin ponderosa et connaissent souvent une forte mortalité. L'accumulation d'arbres morts prédispose ces peuplements à l'incendie, et l'on constate souvent ce cycle récurrent de feux de forêt suivis d'une résurgence du pin tordu latifolié et d'une infestation du dendroctone. Dans le sillage de ces grandes infestations, de vastes coupes de récupération sont ordonnées. Dans certaines régions, c'est donc l'exploitation et non l'incendie qui devient la cause immédiate de la renaissance des peuplements de pin tordu.

Les forêts montagnarde, subalpine et côtière se rencontrent à Duffey Lake, près de Lillooet, où l'on retrouve des éléments de chacun de ces types forestiers.

Forêt-parc clairsemée dans l'ombre pluviométrique des monts Selkirk et Purcell.

Plus au nord, les arbres et les arbustes à feuilles caduques, particulièrement les petits saules, le peuplier faux-tremble et le bouleau à papier, sont également très présents après l'incendie. Ces espèces pionnières sont remplacées à terme par des conifères pérennes, et il en résulte une mosaïque de peuplements forestiers d'âges et de composition variés.

La grande variété des conditions de sites, des régimes climatiques et des mélanges d'essences de la forêt montagnarde explique la diversité des broussailles et des plantes herbacées qu'on retrouve dans le sous-bois. Les stations très sèches sont colonisées par des graminées de prairie comme l'agropyre à épi, la fétuque scabre, la fétuque de Roemer, l'armoise douce et la bigelovie puante. On peut également y retrouver l'oponce à épines nombreuses. Dans les stations à douglas et à pin ponderosa, on voit, parmi les arbustes et les graminées communes, le lupin soyeux, le grémil rudéral, l'achillée millefeuille, l'arnica brillante, l'amélanchier à feuilles d'aulne, le genévrier commun et le genévrier horizontal. Dans le sous-bois des peuplements de pin tordu latifolié issus d'incendies de forêt, on rencontre entre autres le raisin d'ours, la shépherdie du Canada, la calamagrostide rouge, ainsi que des lichens. Dans les sections nordiques, plus humides, de la forêt montagnarde, ainsi que dans les plaines inondables, les plantes typiques sont l'épilobe à feuilles étroites, l'épervière, le bouleau fontinal, le cornouiller stolonifère, l'aulne de Sitka, la viorne comestible et le mahonia à feuilles de houx.

Parmi les mammifères caractéristiques de la forêt montagnarde, on retrouve la souris sylvestre, le campagnol longicaude, la chauve-souris brune, le tamia amène, la martre d'Amérique, le coyote, le cerf-mulet, le cerf de Virginie, le wapiti et le mouflon d'Amérique. De nombreux oiseaux habitent cette forêt, dont le moqueur des armoises, le harfang des neiges, le faucon gerfaut, la sittelle à poitrine blanche, le pic à tête blanche, le durbec des sapins, le tarin des pins, le pic tridactyle, le bec-croisé des sapins et le canard branchu. Plusieurs amphibiens et reptiles y résident également : le crapaud du Grand Bassin, le crapaud de l'Ouest, la salamandre tigrée, le crotale de l'Ouest, le scinque de l'Ouest, la couleuvre rayée et la tortue peinte de l'Ouest.

Le déficit d'humidité est le facteur limitant de la croissance et de la productivité des arbres dans une bonne partie de l'intérieur de la Colombie-Britannique. Toutefois, 117 510 km², c'est-à-dire 97,3 % de la forêt montagnarde, sont classés comme productifs. L'exploitation et l'aménagement de cette forêt sont des éléments importants de l'économie locale comme de l'économie provinciale.

Dans la partie sud de la forêt montagnarde, la faiblesse des précipitations réduit à néant la croissance et la productivité des peuplements forestiers, et le terrain sert principalement de pâturage. Dans la vallée de l'Okanagan, des zones étendues de vignobles et de vergers ont été établies grâce à l'irrigation. Le sud de la vallée de l'Okanagan et la vallée du cours inférieur de la Similkameen possèdent des habitats exceptionnels dominés par les graminées, l'armoise, la purshie tridentée et des arbustes résistant à la sécheresse. Ces écosystèmes sont considérés comme en péril au Canada. Parmi les espèces vulnérables et menacées qu'on y retrouve, il y a le crotale de l'Ouest, le blaireau d'Amérique et la chevêche des terriers. Les niches écologiques de cette région abritent de nombreuses espèces d'invertébrés qui ne résident nulle part ailleurs au Canada.

La recherche scientifique portant sur la forêt montagnarde s'attache actuellement à déterminer les changements qui sont survenus dans l'écosystème en raison des pratiques d'aménagement passées. La mise au point de méthodes de gestion susceptibles de réduire les infestations du dendroctone du pin ponderosa suscitent également beaucoup d'intérêt.

La forêt montagnarde couvre une bonne partie de la forêt modèle McGregor qui s'étend sur 77 000 km². Le principal objectif de cette forêt modèle est de favoriser la création et l'adoption de systèmes innovateurs d'aménagement forestier durable à l'intérieur de ses limites et même au-delà. La forêt modèle McGregor est formée d'une longue liste de partenaires, dont les gouvernements provincial et municipaux, les Premières nations et l'industrie.

Le paysage ondulé de la forêt montagnarde en fait un endroit populaire pour la randonnée pédestre, l'équitation, le vélo et les véhicules tout-terrains, le ski de fond et la motoneige. Un nombre grandissant de touristes sont attirés par les rivières et les lacs de cette forêt pour s'adonner à la pêche, à la natation et au canotage. Certaines parties des parcs nationaux Kootenay et des Lacs-Waterton sont comprises dans la forêt montagnarde, ainsi que plusieurs parcs provinciaux qui ont pour nom Tweedsmuir, E.C. Manning, Chasm, Pinnacles et Suart River.

Il n'y a sans doute aucune autre forêt au Canada qui présente, du nord au sud, une aussi grande variété de paysages et de niches écologiques que la forêt montagnarde.

Le peuplier faux-tremble et l'érable nain ajoutent des couleurs automnales au paysage montagnard.

À l'ouest de la rivière Kootenay, un marais fait la transition avec la forêt du Columbia.

Mouflon d'Amérique dans un site d'amélioration des habitats fauniques, près de Radium Hot Springs.

La tortue peinte de l'Ouest se voit dans les marais et autres milieux humides du sud de la forêt montagnarde.

CI-CONTRE Un douglas bleu isolé marque la transition entre la forêt montagnarde et la prairie.

La forêt-parc, les prairies de graminées et d'armoises, les flancs de montagne et les larges plateaux de cet ensemble forestier constituent un fort contraste, aussi fascinant qu'exceptionnel, entre la fragilité et la résistance de la nature.

Dans les extrémités nordiques de la forêt montagnarde, le peuplier faux-tremble devient une espèce commune après l'incendie.

LA FORÊT CÔTIÈRE

Immense et monumentale, la forêt côtière constitue, pour de nombreux observateurs du monde, l'essence du Canada

PAGES PRÉCÉDENTES La forêt côtière vue du mont Carmanah, dans la réserve de parc national Pacific Rim, dans l'île de Vancouver.

L'écorce épaisse et fissurée d'un vieux douglas vert dans le parc Lighthouse de West Vancouver.

De nombreux cours d'eau relient la forêt côtière à l'océan Pacifique.

Sur la côte canadienne du Pacifique, une forêt pluviale tempérée entoure les plages, les anses et les rivières, et occupe le pied des montagnes de la Colombie-Britannique. Elle fait partie d'une immense zone de forêt pluviale tempérée qui s'étire tout le long de la côte ouest de l'Amérique du Nord, depuis l'île Kodiak en Alaska jusqu'aux forêts californiennes de séquoia.

La forêt côtière du Canada occupe environ 74 470 km², soit 1,8 % de l'ensemble des terrains forestiers du pays. Elle s'étend de la frontière américaine au sud jusqu'à la rivière Alsek, atteignant presque le 60ᵉ degré de latitude nord. Bien qu'elle soit en majeure partie confinée à une étroite bande qui ne s'éloigne pas de plus de 50 km de l'océan Pacifique, la forêt côtière pénètre considérablement plus loin vers l'intérieur quand elle suit les grandes échancrures de la côte et les vallées des grands fleuves comme le Nass et le Fraser. Outre la partie continentale de la Colombie-Britannique, la forêt côtière couvre également les îles de la Reine-Charlotte (également connues sous leur nom haïda de Haida Gwaii, « les îles du peuple ») et l'île de Vancouver, à l'exception des montagnes qui au-delà de 900 m accueillent la forêt subalpine.

Dans presque toute la forêt côtière, les températures douces, les précipitations abondantes et la constance de l'humidité élevée ont permis aux arbres de se développer le plus souvent sans le stress habituel du climat ou de la sécheresse. De nombreuses essences ont des proportions monumentales, certaines atteignant régulièrement des hauteurs de 60 ou 70 m. Le plus grand arbre sur pied du Canada, une épinette de Sitka qu'on appelle le Géant de la Carmanah, se trouve dans la forêt côtière. Sa hauteur est estimée à 95,8 m. Mais la plus grande forêt pluviale tempérée du monde est également extrêmement diversifiée. À certains endroits, la croissance des plantes y est en fait limitée par l'abondance des pluies et le manque de soleil au niveau du sol forestier. En revanche, on trouve dans les îles Gulf, entre l'île de Vancouver et le continent, des endroits secs où poussent des cactus indigènes.

La forêt côtière jouit d'un des climats les plus doux et les plus humides du Canada. Les températures élevées s'expliquent par la proximité de l'océan Pacifique. L'abondance des précipitations vient des grandes masses d'air humide qui se déplacent vers l'est et l'intérieur des terres depuis l'océan, et que la chaîne Côtières force à prendre de l'altitude.

En raison des précipitations abondantes et de l'humidité élevée, les arbres sont souvent enveloppés de lichens et de mousses.

Les fougères poussent bien dans l'épaisse couche d'humus de la forêt côtière.

Vestiges des premières coupes, ces vieilles souches du parc provincial Skookumchuck Narrows sont presque recouvertes par la nouvelle forêt.

PAGE DE DROITE Le pied d'un cyprès jaune à maturité dans la vallée de la rivière Yakoun, dans les îles de la Reine-Charlotte.

Ces masses d'air se refroidissent alors et la vapeur d'eau se condense, amenant des averses de pluie ou de neige le long de la côte est et sur le versant occidental des montagnes.

Dans la partie continentale de la Colombie-Britannique et sur l'île de Vancouver, les précipitations annuelles moyennes vont de 1 500 mm au niveau de la mer à 3 500 mm en hauteur. Comme il sied à un climat maritime, les températures mensuelles moyennes varient relativement peu au cours de l'année, les moyennes pour l'été et l'hiver étant respectivement de 13,5 et −1 °C sur la partie continentale de la Colombie-Britannique, et de 13,5 et 3,5 °C dans l'ouest de l'île de Vancouver. En certains endroits isolés, notamment dans le détroit de Georgia entre la partie continentale sud de la Colombie-Britannique et l'île de Vancouver, les précipitations annuelles moyennes chutent à 600 mm. Plus au nord, les températures moyennes des hivers sont quelque peu inférieures, c'est-à-dire environ −4,5 °C, et les précipitations annuelles moyennes se situent à 2 000 mm le long de la côte et à 1 500 mm vers l'intérieur des terres.

La forêt côtière est dominée par un petit nombre d'espèces de conifères. Les arbres feuillus qu'on y trouve sont surtout des espèces pionnières qui se présentent dans les premières étapes de la succession forestière. Bien qu'ils soient peu nombreux dans le couvert forestier, ces arbres feuillus sont bien représentés dans la strate arbustive épaisse et complexe qui occupe souvent le sous-étage des grands conifères. Les tempêtes de vent, les maladies et les insectes sont de fréquents agents de perturbation, et comme leur action s'exerce de façon irrégulière sur de faibles superficies, il en résulte un paysage forestier parsemé d'arbres d'âges hétérogènes. Le sol forestier étant constamment humide sur de très longues périodes, il s'y accumule une épaisse couche d'humus et de matériau végétal en décomposition. Chose surprenante, l'incendie joue un rôle important dans l'écologie de cette forêt. Les peuplements de douglas se forment fréquemment à la suite d'un incendie, d'une récolte ou d'une autre perturbation. D'autre part, l'écorce du douglas atteint en vieillissant une épaisseur de 30 cm et lui permet de résister aux incendies de faible envergure. Comme les conditions climatiques généralement humides réduisent les incendies trop intenses, le douglas, ainsi que le thuya géant et le sapin grandissime qui tolèrent l'ombre davantage, peuvent atteindre des âges très avancés, souvent plus de 400 ans.

Dans la partie sud de la forêt, les espèces caractéristiques sont la pruche de l'Ouest, le thuya géant et le douglas vert. À faible altitude, dans la partie continentale de la Colombie-Britannique, le sapin grandissime est une espèce commune, et l'on voit souvent le long des cours d'eau et des riches plaines alluviales de grande épinettes de Sitka et des peupliers de l'Ouest. Le pin argenté est également présent, mais ses peuplements ont été fortement réduits par la rouille vésiculeuse. L'érable à grandes feuilles et l'aulne rouge sont parmi les feuillus les plus répandus. Les milieux humides et les paysages marécageux présentent des pins tordus, petits arbres au port tourmenté. En altitude, à flanc de montagne, le cyprès jaune et la pruche subalpine sont de plus en plus communs à mesure que s'opère la transition vers la forêt subalpine.

En face du nord de l'île de Vancouver, la côte de la Colombie-Britannique présente une grande ceinture de terres ondulées parsemées de basses terres marécageuses et de cédrières humides. Plus au nord, le terrain est caractérisé par des vallées glaciaires en U à l'extrémité de profonds bras de mer accidentés. Le douglas y est moins abondant qu'au sud. Les espèces communes sont la pruche de l'Ouest et le sapin gracieux dans les stations sèches, et le thuya géant dans les stations humides. Près des cours d'eau, les épinettes de Sitka et les thuyas géants accompagnent le peuplier de l'Ouest et l'érable à grandes feuilles.

Selon les définitions, de 7 à 19 % des forêts contemporaines du Canada peuvent être classées comme forêts anciennes ou forêts vierges. Les définitions varient, et s'appuient selon le cas sur le type forestier, la longévité des essences forestières et la fréquence des perturbations, notamment les incendies, qui réduisent l'espérance de vie des arbres. Par exemple, si l'âge et le type forestier sont retenus comme critères, 18 % des forêts canadiennes sont anciennes. Si l'on se replie sur l'absence de récolte historique, alors 70 % de toutes les forêts canadiennes peuvent être qualifiées de forêts vierges.

À l'intérieur des terres et en altitude, la forêt côtière fait place à la forêt subalpine, où l'épinette de Sitka s'hybride avec l'épinette d'Engelmann. Vers le nord, les espèces caractéristiques de l'étage subalpin poussent à une altitude de plus en plus faible, au point que le cyprès jaune et la pruche subalpine atteignent le niveau de la mer. À cette extrémité nordique, la forêt côtière se mêle à la forêt boréale.

La forêt côtière compte un nombre impressionnant de petits arbres, notamment l'if de l'Ouest, l'érable nain, l'aulne rouge et l'aulne de Sitka, le sureau bleu, le cornouiller de Nuttall, le saule du Pacifique et le cerisier amer. Parmi les arbustes, notons le sumac de l'Ouest, le raisin d'ours, la linnée boréale, la spirée de Douglas, la ronce remarquable, l'airelle à petites feuilles, le bois piquant et l'elliotie à fleurs de pyrole. Les herbes et les plantes herbacées qui poussent communément dans le sous-bois sont la claytonie perfoliée, le trille à feuilles ovées, le monotrope uniflore, la chimaphile de Menzies et l'asaret caudé.

Les îles de la Reine-Charlotte sont situées à 100 km de la côte de la Colombie-Britannique. Cet isolement et le fait que l'archipel ait été épargné par les glaces durant

Un chêne de Garry (à gauche) et un arbousier d'Amérique se portent à merveille dans l'écosystème à faible pluviométrie du sud-est de l'île de Vancouver.

la dernière glaciation ont entraîné la formation d'associations végétales arborescentes différentes de celles du continent. Le douglas vert, le sapin gracieux et le sapin grandissime, l'érable à grandes feuilles et l'érable nain, tous présents dans la forêt côtière, en sont absents. Dans les parties de l'archipel dotées de l'humidité typique du climat maritime, la pruche de l'Ouest, l'épinette de Sitka et le thuya géant sont des espèces caractéristiques. Au-dessus de 500 m, dans l'intérieur accidenté de ces îles, la pruche subalpine et le cyprès jaune deviennent communs, formant des forêts locales similaires à celles des montagnes de l'intérieur de l'île de Vancouver. Le pin tordu pousse sur les sites sablonneux et rocheux ainsi que dans les tourbières et sur les crêtes subalpines. Le long des côtes battues par les vents, des forêts rabougries, composées de thuya géant, de cyprès jaune et de pruche de l'Ouest, s'accrochent à la côte, interrompues par des tourbières et des peuplements épars de pins tordus au sommet tabulaire.

La côte sud-est de l'île de Vancouver, les îles du détroit de Georgia et la côte adjacente du continent connaissent un climat qui a souvent été comparé à celui de la Méditerranée : étés chauds et ensoleillés, hivers doux et humides. Protégée des pluies

Aulne rouge dans un marais côtier.

Le lysichiton d'Amérique, plante commune dans les tourbières et basses terres des régions côtières.

par les hauteurs de l'île de Vancouver, cette région connaît des étés longs et beaucoup plus secs que les autres parties de la forêt côtière. Adapté aux incendies de forêt, le douglas est ici une espèce dominante. Bien que le feu soit maintenant bien maîtrisé dans la région, de nombreux douglas centenaires en portent encore la marque, ce qui indique que dans un passé récent l'incendie de forêt était une perturbation fréquente. On trouve ici deux espèces d'arbres qui ne poussent nulle part ailleurs au Canada. D'abord le chêne de Garry qui est confiné à une étroite bande côtière de l'île de Vancouver, où il occupe des affleurements rocheux, et à quelques stations éparses du continent le long du fleuve Fraser. Le second, l'arbousier d'Amérique, est le seul feuillu indigène à feuillage persistant du Canada. Bien que son aire s'étende jusqu'au Mexique le long de la côte du Pacifique, cette essence est reléguée ici aux côtes rocheuses et à la lisière des forêts autour de l'île de Vancouver et à la partie continentale adjacente, où elle colonise rapidement les sites perturbés par l'incendie ou le défrichement.

Une faune très diversifiée habite la forêt côtière. Les amphibiens sont nombreux et comprennent notamment le triton rugueux, la grande salamandre, la salamandre

Le lac Sproat, à l'intérieur de l'île de Vancouver.

L'orque est un fréquent visiteur à la rencontre de la forêt côtière et de la mer.

L'île Meares dans la baie Clayoquot.

CI-CONTRE Culminant à 700 m du parterre forestier, le Stawamus Chief, près de Squamish, est le deuxième plus grand monolithe de granit du monde.

pommelée, la grenouille-à-queue côtière et la rainette du Pacifique. Des reptiles comme la tortue peinte de l'Ouest, la couleuvre du Nord-Ouest, la couleuvre de l'Ouest et la couleuvre à queue fine y sont également présents. Parmi les mammifères communs, notons le cerf-mulet, l'ours noir, le grizzli, le wapiti, le loup, les loutres de rivière et de mer ainsi que le raton laveur. Les oiseaux typiques de la forêt côtière sont l'huîtrier de Bachman, les colins de Californie et des montagnes, le macareux huppé, la mésange à dos marron, la chevêchette naine, le geai de Steller, la corneille d'Alaska, le pygargue à tête blanche et le plongeon du Pacifique. Plusieurs espèces de poissons, y compris les saumons quinnat, coho, rose et kéta, qui utilisent les rivières et autres petits cours d'eau pour pondre et se développer, sont intimement liés à la forêt côtière.

Les humains ont également tissé des relations étroites avec la forêt côtière. Les peuples autochtones en vivent et en dépendent depuis des milliers d'années pour construire leurs habitations, fabriquer leurs outils et leurs vêtements, et pour en tirer nourriture et plantes médicinales. Avec l'arrivée des Européens, toute l'attention s'est concentrée sur la valeur économique des arbres de cette forêt. La taille du thuya géant et du douglas, ainsi que leur accessibilité et la qualité de leur bois, ont fait de la Colombie-Britannique le leader mondial de l'approvisionnement en produits forestiers. Au début, on ne faisait que repérer les grands arbres qui poussaient près de la rive et on les abattait directement dans l'océan afin de les transporter facilement vers les lieux de transformation. Plus tard, des chemins de fer, des routes, de la machinerie et de l'équipement de récolte spécialisé, y compris les câbles aériens, ont permis d'atteindre les peuplements forestiers éloignés de la côte, même en altitude et sur des pentes abruptes.

La forêt côtière demeure à ce jour la plus productive des forêts du Canada. On y atteint facilement un accroissement annuel de 1 600 à 2 000 m^3 au kilomètre carré. Dans l'ensemble, environ 14,7 % de cette forêt, c'est-à-dire 10 960 km^2, sont classés comme productifs. L'exploitation forestière joue un rôle crucial dans l'économie régionale. C'est une source importante d'emploi pour la population et de recettes pour les institutions publiques. Les pratiques forestières ont toutefois évolué, afin de tenir compte d'un beaucoup plus grand nombre de valeurs et de considérations non ligneuses. Dans l'ensemble de la Colombie-Britannique, l'aménagement du territoire est de plus en plus fondé sur l'écosystème, et le processus d'aménagement des forêts tient compte des besoins de l'ensemble des utilisateurs de la forêt. En particulier, la pêche, la randonnée, les excursions en kayak, l'escalade, l'observation de la faune et d'autres activités récréatives en forêt sont reconnues comme des utilisations importantes du patrimoine forestier sur le plan économique et social, qu'il convient de prévoir et de protéger dans les plans de récolte forestière. De même, les lieux sacrés et autres lieux d'activités traditionnelles des peuples autochtones sont protégés.

Pour tenir compte de cette large gamme de valeurs, on a mis au point et adopté des techniques nouvelles et innovatrices d'aménagement forestier. Dans les régions appropriées, on a maintenant recours à l'hélicoptère pour récolter des arbres soigneusement sélectionnés, ce qui réduit l'érosion du sol et le bouleversement des parterres de coupe, et qui évite les coûts de construction et d'entretien des chemins forestiers. La nécessité de conserver l'impression de paysage vierge, particulièrement importante pour les exploitants de l'écotourisme côtier et de la pêche sportive, est examinée avant

William Martin fabrique un canot traditionnel dans un thuya géant à Tofino, dans l'île de Vancouver.

Pétroglyphes préhistoriques du parc provincial Sproat Lake, dans l'île de Vancouver.

Le douglas vert occupe ces faibles sommets près du Red Creek, dans l'île de Vancouver.

Dans certaines régions de la forêt côtière, le débardage se fait par hélicoptère pour réduire au maximum l'impact de la récolte forestière.

l'exploitation des forêts le long de l'océan. Il existe des restrictions concernant les pentes prononcées, et les normes de construction routière ont été améliorées pour éviter l'envasement des cours d'eau et préserver la stabilité des pentes.

Le recours aux techniques d'aménagement forestier comme l'établissement de plans de coupes, la préparation et la régénération des sites, les travaux sylvicoles comme l'espacement et l'éclaircie des peuplements, la fertilisation et la lutte contre la végétation indésirable, a fait un bond prodigieux. L'étude et la mise en œuvre des techniques sylvicoles se font, pour un endroit donné, après considération d'un grand nombre de facteurs, dont la qualité du sol, l'hydrologie, l'écologie, la biodiversité, le potentiel économique, les qualités de l'habitat faunique et le potentiel d'utilisation à des fins récréatives.

La forêt côtière comprend certains des arbres les plus anciens et les plus imposants du Canada. Les individus de plus de 250 ans sont considérés comme faisant partie de la forêt ancienne, et ils constituent 55 % de la forêt côtière, c'est-à-dire 40 959 km^2. Parmi les autres qualités reconnues de la forêt ancienne, citons le mélange complexe

d'espèces arborescentes d'âges et de tailles diverses, la présence fréquente d'arbres morts sur pied créant des habitats particuliers pour la faune, et un sous-bois formé d'une épaisse couche de lichens, de mousses et de broussailles.

Beaucoup d'inquiétudes ont été soulevées de par le monde concernant les pratiques d'aménagement forestier et le besoin de préserver les écosystèmes anciens. Des aires protégées, y compris de grandes sections de la partie centrale de la forêt, ont été établies pour conserver les écosystèmes de la forêt pluviale, les habitats fauniques et d'autres valeurs écologiques. De plus en plus, l'exploitation de la forêt côtière se fait dans les forêts de seconde venue. Dans la forêt ancienne où l'exploitation se poursuit, les codes de pratiques en vigueur exigent la rétention d'une partie appropriée d'éléments anciens dans l'ensemble du paysage. Les compagnies forestières, les groupes de conservation, les Autochtones et le gouvernement travaillent de concert pour mettre au point des plans d'occupation du territoire et des techniques d'exploitation permettant de conserver l'habitat d'espèces comme le grizzli, la chouette tachetée et le guillemot marbré, qui dépendent tous de la forêt ancienne.

La chaîne Côtière le long du bras de mer Howe Sound, près de la baie Horseshoe.

Des vents violents ont renversé ces grands douglas de Cathedral Grove près de Port Alberni.

À l'ombre des grands arbres, les mousses et champignons se multiplient.

À DROITE Tandem d'érables à grandes feuilles parvenus à maturité.

La forêt côtière comprend de nombreux parcs nationaux et provinciaux, notamment la réserve de parc national Gwaii Haanas et le Haida Heritage Site; la réserve de parc national Pacific Rim; le parc national et la réserve Kluane; et les parcs provinciaux Flores Island, Skookumchuck Narrows, Cape Scott, Mount Seymour et Indian Arm.

Les arbres immenses, les écosystèmes uniques, les forêts productives et les grandes zones sauvages et intactes de la forêt côtière constituent pour de nombreux observateurs du monde le symbole et l'essence du Canada. Conserver la santé, la biodiversité et la productivité de cette forêt est une responsabilité mondiale que le Canada entend assumer totalement. Pour les Canadiens, la forêt côtière est un trésor national, et l'occasion par excellence de présenter au monde un exemple de bonne gestion forestière.

Le plus grand douglas vert sur pied au Canada, un arbre de 73,8 m, surnommé le « Red Creek Fir », pousse depuis presque mille ans près de Port Renfrew, dans l'île de Vancouver.

LA FORÊT URBAINE

Comme les forêts naturelles, la forêt urbaine du Canada est complexe et dynamique

Autrefois colonie distante dotée d'une population modeste et dispersée, le Canada a évolué pour devenir le pays défini par l'Organisation de coopération et de développement économiques comme l'un des plus urbanisés du monde. La majorité des Canadiens (79,4 % en 2001) vivent dans des centres urbains de 10 000 habitants ou plus; la moitié (51 %) sont rassemblés dans quatre régions : le sud de l'Ontario; Montréal et ses environs, au Québec; le sud de l'île de Vancouver et le Lower Mainland de Colombie-Britannique; et le corridor Calgary-Edmonton, en Alberta. La population de ces quatre régions a augmenté de 7,6 % entre 1996 et 2001, tandis que celle du reste du pays a connu une croissance faible ou même nulle.

Bien que la population du Canada soit largement urbaine, l'inquiétude pour la santé et la durabilité des ressources forestières n'a jamais été aussi grande. Les exigences du public concernant la protection des forêts et la pratique d'activités liées à la nature ont augmenté, alors même que le contact quotidien avec les forêts naturelles diminuait. Dans le sud de l'Ontario, 84 % des citadins ont affirmé lors d'une enquête que la présence d'arbres dans leur collectivité, ainsi que de lots boisés et de forêts dans la région

Couvert fermé des tilleuls à petites feuilles plantés le long de l'avenue University à Toronto, en Ontario.

avoisinante, leur importait beaucoup.[1] La plupart étaient d'avis que les arbres sont essentiels pour améliorer la qualité de l'air, et 68 % fréquentaient une forêt ou une autre aire naturelle de leur ville plus d'une fois par mois.

Le paysage urbain du Canada représente 0,2 % du territoire national et on estime qu'il est boisé à 19 %. Cette forêt chevauche l'aire naturelle de nombreuses espèces canadiennes préoccupantes et elle appartient à des intérêts privés dans une proportion de 85 à 90 %. La ville d'Edmonton en Alberta, communauté urbaine de taille moyenne, possède 103 000 arbres le long de ses boulevards, et 142 000 autres dans ses parcs, et leur valeur est estimée à plus de 800 millions de dollars. Toronto, le plus grand centre urbain du Canada, détient environ 469 450 arbres dans ses rues, 2,5 millions

1. Environics Research Group. 2001. Attitudes of urban residents toward urban forests and woodlands issues. Préparé pour le Ministère de l'Environnement de l'Ontario, la Federation of Ontario Naturalists, Ontario Stewardship et la Municipalité régionale de York. 11 p.

Cerisiers en fleurs de l'avenue Belmont, à Vancouver en Colombie-Britannique.

Les arbres des rues d'Ottawa font partie intégrante de la période des fêtes.

PAGE DE DROITE Stanley Park à Vancouver, une forêt côtière en pleine ville.

supplémentaires dans ses parcs et ses ravins, sans compter les 2,5 millions qui ornent ses propriétés privées.

La définition exacte de la forêt urbaine change selon la perspective. Cette forêt commence bien sûr par les alignements d'arbres le long des rues de la ville, mais elle comprend aussi des sections importantes de forêt naturelle que la plupart des villes canadiennes ont héritées du paysage rural. On trouve fréquemment dans leur périmètre des restes de peuplements forestiers et des vallées boisées entourant les cours d'eau, sans compter les cimetières et les parcs. La loi ontarienne sur les ingénieurs forestiers, rédigée en 2000, définit sommairement la forêt urbaine dans les termes suivants : « végétation arborescente et éléments connexes situés dans une région urbaine, y compris les boisés, les plantations, les arbres d'ombrage, les arbres des rues, les champs parvenus à diverses étapes de la succession, les milieux humides, les couloirs herbeux et les zones riveraines ».

On peut étendre la définition de la forêt urbaine afin de tenir compte de l'ensemble des zones naturelles où les citadins canadiens exercent une influence, particulièrement les lieux de loisirs. La forêt urbaine se prolonge ainsi dans la zone périurbaine et forme des liens avec les villes satellites, les aires de conservation, les parcs provinciaux et les régions de villégiature. Comme les forêts naturelles du Canada, la forêt urbaine est complexe, diversifiée et dynamique.

Quelle que soit la façon dont on la définit, la forêt urbaine amène de nombreux avantages aux Canadiens. Elle améliore la qualité de l'air en séquestrant les polluants gazeux et les particules de l'atmosphère. Parce qu'ils sont souvent situés dans les quartiers industriels, on considère que les arbres des zones urbaines sont de 5 à 15 fois plus efficaces que ceux des zones sauvages dans la réduction de la pollution atmosphérique. Ils diminuent la température ambiante en couvrant de leur ombre les surfaces bétonnées et en enrichissant l'atmosphère de vapeur d'eau. Les arbres des villes contribuent à conserver l'énergie en protégeant les bâtiments du vent et du soleil, réduisant ainsi les besoins de climatisation en été et de chauffage en hiver. La forêt urbaine constitue un coussin de protection contre les aléas de la météo, une zone d'absorption des eaux de ruissellement, un frein contre l'érosion du sol et un paravent contre la pollution sonore. Elle offre un habitat à la faune qui ne pourrait pas survivre sans elle dans les milieux très populeux et fortement altérés de la ville.

La forêt urbaine contribue directement au bien-être physiologique et à la qualité de vie des Canadiens. À mesure qu'elle se développe et qu'elle vieillit, elle devient partie intégrante du patrimoine des villes et de l'identité des paysages urbains et augmente la valeur foncière des propriétés. On estime par exemple que la ville de Winnipeg possède 62 225 ormes le long de ses boulevards. Leur valeur est estimée à 307 144 860 $ et la valeur totale qu'ils ajoutent aux propriétés serait de 160 millions de dollars. À Toronto, un arbre recherché parvenu à maturité peut valoir à lui seul plus de 10 000 $. En contribuant à l'esthétique des villes et des propriétés individuelles, la forêt urbaine attire les entreprises et stimule la production de richesses. Elle constitue un lien essentiel avec les grands problèmes environnementaux qui dépassent les frontières immédiates de la collectivité, et dont elle sert de contexte. Plus qu'un simple paysage, la forêt urbaine est une infrastructure de verdure qui fournit un service naturel aux citadins.

La forêt urbaine combine l'aménagement horticole soigné à la croissance libre et naturelle. Elle comprend habituellement autant d'essences indigènes que d'espèces

Au Canada l'aménagement des ressources forestières urbaines revient aux municipalités. La plupart des politiques, règlements, législations ou autres instruments qui régissent la gestion durable des forêts urbaines ont été mis en place à l'échelle municipale.

Les spécialistes de la foresterie urbaine font face aux mêmes défis que leurs collègues travaillant en milieu naturel, et ils doivent faire les mêmes observations. Un grand nombre des essences qui font la richesse des forêts canadiennes de conifères ou de feuillus se retrouvent également dans les jardins urbains et le long des rues ainsi que dans les parcs et ceintures vertes des agglomérations du Canada. Pour protéger cette ressources inestimable, il faut une bonne connaissance des insectes ravageurs, de la pathologie des plantes, des méthodes de télédétection et des espèces exotiques envahissantes.

introduites, celles-ci étant choisies selon leur rusticité, mesurée d'après de nombreux facteurs climatiques.

Dans l'Est du Canada, le paysage urbain comprend souvent des espèces indigènes comme l'épinette blanche, le chêne rouge et l'érable argenté, côtoyant des espèces introduites comme l'érable de Norvège, le chêne pédonculé, le pin noir d'Autriche, le tilleul à petites feuilles et l'olivier de Bohême. Dans le Canada central, le climat froid et sec des Prairies exige des espèces indigènes tolérant le stress comme le peuplier faux-tremble, le peuplier baumier, le peuplier deltoïde de l'Ouest, le frêne vert et le cerisier de Virginie, ainsi que des espèces introduites comme l'épinette du Colorado, le sorbier des oiseleurs et l'érable ginnala. Toutes ces espèces se retrouvent dans les villes du Lower Mainland de la Colombie-Britannique, accompagnées de l'araucaria du Chili, du pin parasol du Japon, du séquoia géant de la Californie et des tulipiers du Sud de l'Ontario. Quelle que soit leur origine, les arbres appelés à survivre dans la forêt urbaine doivent être hautement résistants. La pollution de l'air, la chaleur estivale, la sécheresse, le compactage du sol, la surpopulation et l'épandage de sel réduisent la croissance des arbres

La Place d'Armes de Québec par une soirée d'hiver.

Un cycliste se profile dans le soleil couchant du parc Mount Douglas, à Victoria en Colombie-Britannique.

et écourtent leur vie. Les caprices du climat, y compris la sécheresse et les écarts de température, sont souvent cités comme le principal obstacle à surmonter pour préserver la santé des forêts urbaines.

Spécialisation des études en aménagement forestier, la foresterie urbaine a évolué pour tenir compte des exigences complexes de la préservation et de la protection du paysage urbain. Au Canada, son développement remonte aux années 1960 et aux efforts pour combattre la maladie hollandaise de l'orme, causée par un pathogène exotique qui décimait les ormes en forêt naturelle comme en ville. L'orme était alors l'arbre le plus fréquemment planté le long des rues dans la majeure partie du Canada. Les institutions forestières provinciales ont donc collaboré avec le gouvernement fédéral pour trouver le moyen de réduire la perte de cet élément majestueux de l'environnement urbain. En dépit de cet effort, l'orme d'Amérique a pour ainsi dire disparu des villes de l'Est du Canada. On en trouve toutefois de grandes populations dans celles de l'Ouest du pays — Winnipeg possède encore plus de 200 000 ormes d'Amérique, et Edmonton plus de 60 000.

La foresterie urbaine contemporaine est devenue une discipline plus large, orientée sur l'écosystème, et qui aborde de nombreux aspects de l'aménagement des forêts, qu'il s'agisse de planification, de design ou d'implantation, dans le but d'en tirer parti sur le plan économique, social et environnemental. Aujourd'hui, le spécialiste la forêt urbaine peut intervenir dans de nombreuses activités, entretenir une forêt patrimoniale, rétablir un couvert forestier mis à mal par l'étalement urbain, ou même créer une forêt de toutes pièces.

La foresterie urbaine du Canada est à l'avant-garde de la bataille contre les espèces exotiques envahissantes. Les ports internationaux des grandes villes sont le principal point d'entrée au pays des insectes et des maladies exotiques, et la forêt urbaine de ces villes a permis à nombre d'entre eux de s'établir. Le longicorne brun de l'épinette a par exemple été découvert dans un parc de Halifax en Nouvelle-Écosse, et l'agrile du frêne dans les arbres des rues de Windsor, en Ontario. En outre, de nombreux insectes exotiques des région tempérée et subtropicale ont été trouvés dans les sites d'enfouissement de Vancouver, en Colombie-Britannique. Une fois établis dans la

Préparation de la saison de ski de fond dans le parc Odell de Fredericton, au Nouveau-Brunswick.

Le plaisir de la planche à roulettes sur la promenade Fortune, dans le parc de la Gatineau au Québec.

À GAUCHE Peuplement de noyer noir planté en 1882 dans le domaine Joly-De Lotbinière, à Sainte-Croix au Québec.

Paysage forestier urbain à Simcoe en Ontario.

Forêt et jardins du domaine de Maizerets à Québec.

À DROITE Plantes ornementales, épinette du Colorado (à gauche) et orme parasol (à droite) dans le jardin botanique de Fredericton au Nouveau-Brunswick.

forêt urbaine, les insectes exotiques envahissants sont en mesure de migrer vers les immenses forêts naturelles du pays, et le spectre de ces introductions est plus menaçant que jamais.

À la lisière de la forêt urbaine, les érablières, les vergers d'arbres à fruits et à noix, les plantations d'arbres de Noël, les arbres-abris et les projets de reboisement ajoutent une autre dimension au rapport que les Canadiens entretiennent avec les forêts. Longtemps, au Canada, la plantation d'arbres a été réservée à la lutte contre l'érosion du sol et à la mise en valeur des terres agricoles marginales ou abandonnées. Elle est maintenant réalisé comme environnement forestier de plein droit, comportant notamment l'exploitation d'arbres à rendement élevé. Avec l'augmentation mondiale de la demande de produits forestiers — dont la tendance devrait se maintenir tout le long du 21e siècle —, ces plantations hautement productives pourraient fournir au Canada une importante nouvelle source de matière ligneuse. Cet approvisionnement permettrait au Canada de demeurer compétitif sur les marchés mondiaux, sans que les forêts naturelles soient sollicitées davantage. Les plantations forestières à grande échelle

pourraient également constituer des sources de combustible de rechange, ainsi qu'un outil pour extraire et entreposer le carbone de l'atmosphère terrestre.

La forêt urbaine du Canada, bien que d'étendue réduite, est une importante ressource nationale. Les Canadiens travaillent à la création et à la durabilité de cette forêt qui leur sert de lien avec les immenses forêts naturelles qui les entourent.

Le jardin japonais Nikka Yuko de Lethbridge en Alberta.

Partie de golf dans le parc national Fundy au Nouveau-Brunswick.

SOURCES

PUBLICATIONS IMPRIMÉES ET ÉLECTRONIQUES

American Ornithologists' Union (AOU), The Committee on Classification and Nomenclature. 1998. *Checklist of North American Birds.* 7th ed. AOU, Washington, D.C.

Atlantic Geoscience Society. 2001. *The Last Billion Years : A Geological History of the Maritime Provinces of Canada.* Nimbus Publishing/Atlantic Geoscience Society, Halifax, NS.

Bailey, L.H.; Bailey, E.Z. 1976. *Hortus Third.* Macmillan Publishing Co., New York.

Brayshaw, T.C. 1996. *Trees and Shrubs of British Columbia.* Royal British Columbia Museum, Victoria, BC/UBC Press, Vancouver, BC.

Brodo, I.M.; Duran Sharnoff, S.; Sharnoff, S. 2001. *Lichens of North America.* Yale University Press, New Haven, MA, in collaboration with the Canadian Museum of Nature, Ottawa. 828 p.

Burns, R. M.; Honkala, B.H. Technical coordinators. 1990. *Silvics of North America :* 1. *Conifers*; 2. *Hardwoods.* [Imprimé et en ligne]. U.S. Department of Agriculture, Forest Service, Washington, DC. Agriculture Handbook 654. http://www.na.fs.fed.us/spfo/pubs/silvics_manual/table_of_contents.htm

Calder, J.A.; Taylor, R.L. 1968. *Flora of the Queen Charlotte Islands.* Part 1. *Systematics of the Vascular Plants.* Agriculture Canada, Research Branch, Ottawa, ON. Monograph 4.

Cody, J.W.; Britton, D.M. 1989. *Ferns and Fern Allies of Canada.* Department of Agriculture, Research Branch, Ottawa, ON. Publication 1829/E.

Darbyshire, S.J.; Favreau, M.; Murray, M. 2000. *Noms populaires et scientifiques des plantes nuisibles du Canada.* Agriculture et Agroalimentaire Canada. Direction générale de la recherche. Publication 1397/B.132 p.

Drushka, K.; Burt, B. 2001 The Canadian Forest Service : catalyst for the forest sector. *Forest History Today* (Spring/Fall) : 19–28.

Drushka, K.; Konttinen, H. 1997. *Tracks in the Forest : The Evolution of Logging Machinery.* Timberjack Group, Helsinki, Finland.

Gartshore, M.E.; Sutherland, D.A.; McCracken, J.D. 1987. *Haldimand-Norfolk Natural Areas Inventory.* 2 vols. Norfolk Field Naturalists, Simcoe, ON. 500 p.

Gray, S.L. 1995. Inventaire descriptif des régions forestières du Canada. 1995. Ressources naturelles Canada, Service canadien des forêts, Institut forestier national de Petawawa, Chalk River (Ont.). Rapport d'information PI-X-122F.

Groupe de travail sur la stratification écologique, 1996. Cadre écologique national pour le Canada. Imprimé et en ligne. Agriculture et Agroalimentaire Canada, Direction générale de la recherche, Ottawa (Ont.) / Environnement Canada, Direction générale de l'état de l'environnement, Direction de l'analyse des écozones, Hull (Qc). http://sis.agr.gc.ca/cansis/publications/ecostrat/intro.html

Hebda, R. 1995. *Native Plants of British Columbia.* [En ligne]. Royal British Columbia Museum, Victoria, BC. Articles originally published in the *Coastal Grower.* http://rbcm1.rbcm.gov.bc.ca/nh_papers/nativeplants/index.html

Hydro-Québec. 1998. *Répertoire des arbres et arbustes ornementaux.* 2e édition. Hydro-Québec, Montréal (QC).

Johnstone, K. 1991. *Forêts et tourments : 75 ans d'histoire du Service fédéral des forêts, 1899–1974.* Forêts Canada, Ottawa (Ont.). 208 p.

Lamoureux, G. 2002. Flore printanière. Fleurbec éditeur. Saint-Henri-de-Lévis (Qc). 575 p.

LandOwner Resource Centre.1999. *Restoring Old Growth Features to Managed Forests in Southern Ontario. Extension Notes.* LandOwner Resource Centre, Manotick, ON. 8 p.

Larson, B.M.; Riley, J.L.; Snell, E.A.; Godschalk, H.G. 1999. *The Woodland Heritage of Southern Ontario : A Study of Ecological Change, Distribution and Significance.* Federation of Ontario Naturalists, Don Mills, ON.

Lower, A.R.M. 1938. *The North American Assault on the Canadian Forest : A History of the Lumber Trade between Canada and the United States.* Ryerson Press, Toronto.

Lynch, W. 2001. *The Great Northern Kingdom : Life in the Boreal Forest.* Fitzhenry and Whiteside Limited, Markham, ON. 160 p.

Lyons, C.P. 1991. *Trees, Shrubs and Flowers to Know in British Columbia.* Fitzhenry and Whiteside Limited, Markham, ON.

MacKay, D. 1978. *The Lumberjacks.* McGraw-Hill Ryerson Limited, Toronto, ON.

Meidinger, D.; Pojar, J. Editors. 1991. *Ecosystems of British Columbia.* British Columbia Ministry of Forests, Research Branch. Special Report Series 6. 330 p.

Montpellier, P. 1999. City of the Month — Vancouver, British Columbia. [Imprimé et en ligne]. *City Trees : Journal of the Society of Municipal Arborists* 35(2 : March/April). http://www.urban-forestry.com/citytrees/v35n2a04.html

Nowak, R.M. 1999. *Walker's Mammals of the World.* 6th ed. Vols. 1 and 2. The Johns Hopkins University Press, Baltimore, MD.

Oliver, C.D.; Larson, B.C. *Forest Stand Dynamics.* McGraw-Hill, Inc., New York.

Ontario Ministry of Natural Resources (OMNR). 1997/1998. *A Silvicultural Guide for the Great Lakes–St. Lawrence Conifer Forest in Ontario.* [Imprimé et en ligne]. OMNR, Toronto. 424 p. http://www.mnr.gov.on.ca/MNR/forests/forestdoc/guidelines/grt%20lks/pdf/toc.pdf

Ontario Ministry of Natural Resources (OMNR). 1997/1998. *A Silvicultural Guide for the Tolerant Hardwood Forest in Ontario.* [Imprimé et en ligne]. OMNR, Toronto. 500 p. http://www.mnr.gov.on.ca/MNR/forests/forestdoc/guidelines/hrdwd/pdf/sec1.pdf

Ontario Ministry of Natural Resources (OMNR). 1997. *Silvicultural Guide to Managing for Black Spruce, Jack Pine and Aspen on Boreal Forest Ecosites in Ontario. Version 1.1.* OMNR, Toronto. 3 books. 822 p.

Peattie, D.C. 1948. *A Natural History of Trees of Eastern and Central North America.* Introduction by R. Finch, 1991. Houghton Mifflin Co., Boston.

Ressources naturelles Canada (RNCan), Service canadien des forêts (SCF). 2002.

La Biodiversité des forêts du Canada. Une décennie de progrès en matière d'aménagement durable. Administration centrale, Direction générale des sciences, Ottawa. 60 p.

Ressources naturelles Canada (RNCan), Service canadien des forêts (SCF). 2002. L'état des forêts au Canada 2001–2002 : Reflets d'une décennie. Administration centrale, Ottawa (Ont.).

Ringius; G.S.; Sims, R.A. 1997. Plantes indicatrices des forêts canadiennes. Ressources naturelles Canada, Service canadien des forêts, Ottawa (Ont.). 218 p.

Ritchie, J.C. 1987. Postglacial Vegetation of Canada. Cambridge University Press, Cambridge, UK.

Roland, A.E.; Smith, E.C. 1969. Flora of Nova Scotia. Nova Scotia Museum, Halifax, NS. Reprinted from Proceedings of the Nova Scotia Institute of Science, vol. 26.

Rowe, J.S. 1972. Les régions forestières du Canada. Ministère de l'Environment, Service canadien des forêts, Ottawa (Ont.). 172 p. + carte.

Schellhaas, S.; Spurbeck, D.; Ohlson, P.; Keenum, D.; Riesterer, H. 2001. Fire Disturbance Effects in Subalpine Forests of North Central Washington. [En ligne]. US Department of Agriculture, Forest Service. http://www.fs.fed.us/pnw/pubs/journals/Subalpine.pdf

Scoggan, H.J. 1978. The Flora of Canada. 4 vols. National Museums of Canada, Ottawa, ON.

Soper, J.H.; Heimburger, M.L. 1985. Shrubs of Ontario. Royal Ontario Museum, Toronto, ON.

West, B. 1974. The Firebirds : How Bush Flying Won Its Wings. Ministry of Natural Resources, Toronto, ON.

SITES WEB

Note : Tous les sites ont été consultés entre avril 2002 et mai 2003. La fonctionnalité des liens a été vérifiée en juin 2003.

The Acadian Forest Region
http://www.web.net/~ccnb/forest/acadian/ac_index.htm
Conservation Council of New Brunswick

Alternatives to Conventional Clearcutting
http://www.for.gov.bc.ca/hfp/pubs/standman/atcc/atcc.htm
British Columbia Ministry of Forests, Forest Practices Branch

Aménagement écosystémique par émulation des perturbations naturelles
http://www.biology.ualberta.ca/old_site/emend//francais/homepage_f.html
Tenu par la University of Alberta

L'Atlas du Canada : Faits sur le Canada
http://atlas.gc.ca/site/francais/facts/surfareas.html
Ressources naturelles Canada

Base de données toponymiques du Canada : Recherche de noms géographiques au Canada
http://geonames.nrcan.gc.ca/search/search_f.php
Commission de toponymie du Canada et Ressources naturelles Canada, Centre canadien d'information topographique

BC Parks Info Centre
http://wlapwww.gov.bc.ca/bcparks/infocentre.htm
British Columbia Ministry of Water, Land and Air Protection

Canada's First Nations: Migration Theories
http://www.ucalgary.ca/applied_history/tutor/firstnations/theories.html
University of Calgary/ Red Deer College/ The Applied History Research Group

Canadian Amphibian and Reptile Conservation Network
http://www.carcnet.ca/
Environment Canada, Ecological Monitoring and Assessment Network Coordinating Office, Ecosystem Science Directorate

Canadian Biodiversity Web Site
http://www.canadianbiodiversity.mcgill.ca/english/index.htm
Hosted by McGill University Faculty of Science

Canadian Geographic Information Systems: Land Capability for Forestry
http://geogratis.cgdi.gc.ca/clf/en
Natural Resources Canada

Carolinian Canada
http://www.carolinian.org/

Centres of Plant Diversity: The Americas
http://www.nmnh.si.edu/botany/projects/cpd/na/na.htm
Smithsonian Institution, Department of Systematic Biology

Comité sur la situation des espèces en péril au Canada (COSEPAC)
http://www.cosewic.gc.ca/fra/sct5/index_f.cfm
Tenu par Environnement Canada

Community Development: Montane Subregion
http://www.cd.gov.ab.ca/preserving/parks/anhic/montane.asp
Alberta Natural Heritage Information Centre, Government of Alberta

Couverture du sol du Canada 1995
http://www.ccrs.nrcan.gc.ca/ccrs/rd/apps/landcov/cchange/land_f.html
Ressources naturelles Canada, Centre canadien de télédétection

Descriptions narratives des écozones et des écorégions terrestres du Canada
http://www.ec.gc.ca/soer-ree/Francais/Framework/NarDesc/TOC.cfm
Environnement Canada

Directory of Research in the Wet Belt Forests in the Kamloops Forest Region
http://www.for.gov.bc.ca/kamloops/research/wetbelt/
British Columbia Ministry of Forests

Domaines de recherche — Portails nationaux
http://www.nrcan.gc.ca/cfs-scf/science/resrch/index_f.html
Ressources naturelles Canada, Service canadien des forêts

Dutch Elm Disease Program
http://www.city.winnipeg.mb.ca/pwdforestry/dedweb2.html
City of Winnipeg

Ecological Subregions of the United States
http://www.fs.fed.us/land/pubs/ecoregions/
US Department of Agriculture, Forest Service

L'Écosystème boréal
http://www.mb.ec.gc.ca/nature/ecosystems/da00s02.fr.html
Environnement Canada

Edmonton Tree Facts
http://www.gov.edmonton.ab.ca/comm_services/parkland_services/forestry/edmonton_tree_facts.html
City of Edmonton

Environmental Stewardship: The Status of Western Red Cedar in Coastal British Columbia.
http://www.weyerhaeuser.com/coastalwood/wycedar/cedar_environ.htm
Weyerhaeuser

Fire Effects Information System: Plant Species Summaries
http://www.fs.fed.us/database/feis/index.html
US Department of Agriculture, Forest Service

Flora of North America
http://hua.huh.harvard.edu/FNA/index.html

Foresterie urbaine
http://www.treecanada.ca/programs/
urbanforestry/index_f.htm
Fondation canadienne de l'arbre

The Forest Resources of Ontario 1996
http://www.mnr.gov.on.ca/MNR/forests/
fmb_info/html
Ontario Ministry of Natural Resources

Forest Stewardship Council of Canada:
Draft Standards
http://www.web.net/fscca/stancon.htm

Forestry Branch Services
http://www.winnipeg.ca/publicworks/
Forestry/ forestry.asp
City of Winnipeg

Forestry: Planted Forests
http://www.fao.org/forestry/index.jsp
Food and Agriculture Organization
of the United Nations

Forêt modèle de Fundy
http://www.fundymodelforest.net/site/f/
Réseau de forêts modèles

General Description of the Prince Edward
Island Map Sheet Area
http://geogratis.cgdi.gc.ca/CLI/mapping/
descriptions/pei.html
Natural Resources Canada, Canada Land
Inventory

Global Atlas of Palaeovegetation since
the Last Glacial Maximum
http://www.soton.ac.uk/~tjms/adams4.html
Quaternary Environments Network

Great Lakes Ecological Assessment
http://www.ncrs.fs.fed.us/gla/histveg/
purpose.htm
US Department of Agriculture, Forest Service

John Prince Research Forest: Research
http://researchforest.unbc.ca/jprf/jprf.htm
University of Northern British Columbia/
Tl'azt'en First Nation

Kananaskis Field Stations: Research Activities
http://www.ucalgary.ca/UofC/research/KFS/
index.html
University of Calgary

Long Point Region Conservation Authority:
Parks and Conservation Areas
http://www.lprca.on.ca/

Morris Tract
http://www.ontarioparks.com/french/morr.html
Parcs Ontario

Natural Heritage: Carolinian Canada
http://www.heritagefdn.on.ca/Eng/Heritage/
natural-carolinian.shtml
Ontario Heritage Foundation

The Natural History of Nova Scotia
http://museum.gov.ns.ca/mnh/nature/nhns/
index.htm
Nova Scotia Museum of Natural History

Un profil de la population canadienne : Faits
saillants du recensement de la population
de 2001
http://geodepot.statcan.ca/Diss/Highlights/
Index_f.cfm
Statistique Canada

Programme forestier des Premières nations
http://www.fnfp.gc.ca/
Gouvernement du Canada

Programme national de données sur les forêts :
Abrégé de statistiques forestières
canadiennes
http://nfdp.ccfm.org/
Conseil canadien des ministres des forêts

Réseau canadien de forêts modèles
http://www.modelforest.net/f/home_/
indexf.html

Saskatchewan Dutch Elm Disease Association
http://www.sdeda.ca/

Sicamous Creek Silvicultural Systems Research
Project 1992–2001
http://www.mountainforests.net/sicamous/
siccreek.asp

South Okanagan Species at Risk
http://wlapwww.gov.bc.ca/sir/fwh/wld/atlas/
about/redbluelist.html
Government of British Columbia

Statistiques sur les ressources naturelles
http://www.nrcan.gc.ca/statistiques/
intro_f.html
Ressources naturelles Canada

Subalpine Forests
http://www.for.gov.bc.ca/hre/subalpin/
index.htm
British Columbia Ministry of Forests,
Research Branch

Système d'information taxonomique intégré
(SITI)
http://sis.agr.gc.ca/pls/itisca/taxaget?p_ifx=
scib&p_lang=fr

Système national d'information forestière
http://www.nfis.org/
Conseil canadien des ministres des forêts

Tallgrass Ontario
http://www.tallgrassontario.org/

Urban Forest Health Care
http://www.toronto.ca/trees/forest_
healthcare. htm
City of Toronto

The Vancouver Park Board's Street Tree
Management Program
http://www.city.vancouver.bc.ca/parks/fyi/
trees/treebro1.htm
City of Vancouver

NOMS SCIENTIFIQUES DES ORGANISMES

achillée millefeuille, *Achillea millefolium*
agrile du frêne, *Agrilus planipennis*
agropyre, *Agropyron* sp.
agropyre à épi, *Pseudoroegneria spicata*
  subsp. *spicata*
ail des bois, *Allium tricoccum*
airelle à feuilles membraneuses, *Vaccinium*
  membranaceum
airelle à feuilles ovées, *Vaccinium ovalifolium*
airelle à fruits roses, *Vaccinium scoparium*
airelle à petites feuilles, *Vaccinium parvifolium*
amélanchier, *Amelanchier* sp.
amélanchier à feuilles d'aulne, *Amelanchier*
  alnifolia
aralie à tige nue, *Aralia nudicaulis*
araucaria du Chili, *Araucaria araucana*
arbousier d'Amérique, *Arbutus menziesii*
armoise, *Artemisia* sp.
armoise douce, *Artemisia frigida*
arnica à feuilles cordées, *Arnica cordifolia*
arnica brillante, *Arnica fulgens*
asaret caudé, *Asarum caudatum*
asiminier trilobé, *Asimina triloba*
aubépine, *Crataegus* spp.
aulne crispé, *Alnus viridis* ssp. *crispa*
aulne de Sitka, *Alnus viridis* ssp. *sinuata*
aulne rouge, *Alnus rubra*
aulne rugueux, *Alnus incana* ssp. *rugosa*
autour des palombes, *Accipiter gentilis*
azalée blanche, *Rhododendron albiflorum*

barbon à balais, *Schizachyrium scoparium*
barbon de Gérard, *Andropogon gerardii*
bec-croisé des sapins, *Loxia curvirostra*
benoîte de Peck, *Geum peckii*
bigelovie puante, *Chrysothamnus nauseosus*
blaireau d'Amérique, *Taxidea taxus*
bleuet, *Vaccinium* spp.
boa caoutchouc, *Charina bottae*
bois piquant, *Oplopanax horridus*
bouleau à feuilles cordées, *Betula cordifolia*
bouleau à papier, *Betula papyrifera*
bouleau à papier de l'Ouest, *Betula papyrifera*
  var. *commutata*
bouleau fontinal, *Betula occidentalis*
bouleau glanduleux, *Betula glandulosa*
bouleau gris, *Betula populifolia*
bouleau jaune, *Betula alleghaniensis*
bruant à couronne dorée, *Zonotrichia atricapilla*
bruant à gorge blanche, *Zonotrichia albicollis*
bruant de Lincoln, *Melospiza lincolnii*

bruyère commune, *Calluna vulgaris*
buse à épaulettes, *Buteo lineatus*
buse à queue rousse, *Buteo jamaicensis*
buse pattue, *Buteo lagopus*

calamagrostide du Canada, *Calamagrostis*
  canadensis
calamagrostide rouge, *Calamagrostis rubescens*
campagnol longicaude, *Microtus longicaudus*
canard branchu, *Aix sponsa*
canneberge, *Vaccinium* spp.
caribou, *Rangifer tarandus*
caribou des forêts, *Rangifer tarandus caribou*
caryer cordiforme, *Carya cordiformis*
caryer glabre, *Carya glabra* var. *odorata*
caryer lacinié, *Carya laciniosa*
castor, *Castor canadensis*,
cerf de Virginie, *Odocoileus virginianus*
cerf-mulet, *Odocoileus hemionus*
cerisier amer, *Prunus emarginata*
cerisier de Virginie, *Prunus virginiana* var.
  virginiana
cerisier tardif, *Prunus serotina*
chancre du noyer cendré, *Sirococcus*
  clavigignenti-juglandacearum
châtaignier d'Amérique, *Castanea dentata*
chauve-souris brune, *Myotis lucifuga*
chêne à gros fruits, *Quercus macrocarpa*
chêne bicolore, *Quercus bicolor*
chêne blanc, *Quercus alba*
chêne de Garry, *Quercus garryana*
chêne des marais, *Quercus palustris*
chêne nain, *Quercus prinoides*
chêne noir, *Quercus velutina*
chêne pédonculé, *Quercus robur*
chêne rouge, *Quercus rubra*
chevêche des terriers, *Athene cunicularia*
chevêchette naine, *Glaucidium gnoma*
chèvre de montagne, *Oreamnos americanus*
chicot févier, *Gymnocladus dioicus*
chimaphile de Menzies, *Chimaphila menziesii*
chouette lapone, *Strix nebulosa*
chouette rayée, *Strix varia*
chouette tachetée, *Strix occidentalis*
claytonie perfoliée, *Claytonia perfoliata*
clèthre à feuilles d'aulne, *Clethra alnifolia*
clintonie uniflore, *Clintonia uniflora*
colin de Californie, *Callipepla californica*
colin des montagnes, *Oreortyx pictus*
comptonie voyageuse, *Comptonia peregrina*
coréopsis rose, *Coreopsis rosea*

corneille d'Alaska, *Corvus caurinus*
cornouiller à feuilles alternes, *Cornus alternifolia*
cornouiller à rameaux rugueux, *Cornus rugosa*
cornouiller de Nuttall, *Cornus nuttallii*
cornouiller fleuri, *Cornus florida*
cornouiller stolonifère, *Cornus sericea*
couleuvre à collier, *Diadophis punctatus*
couleuvre à queue fine, *Contia tenuis*
couleuvre d'eau, *Nerodia sipedon*
couleuvre de l'Ouest, *Thamnophis elegans*
couleuvre du Nord-Ouest, *Thamnophis*
  ordinoides
couleuvre fauve de l'Est, *Elaphe vulpina gloydi*
couleuvre mince, *Thamnophis sauritus*
couleuvre rayée, *Thamnophis sirtalis*
couleuvre royale, *Regina septemvittata*
couleuvre tachetée de l'Est, *Lampropeltis*
  triangulum triangulum
couleuvre verte, *Liochlorophis vernalis*
coyote, *Canis latrans*
crapaud de Fowler, *Bufo fowleri*
crapaud de l'Ouest, *Bufo boreas*
crapaud du Grand Bassin, *Spea intermontana*
crotale de l'Ouest, *Crotalus viridis*
crotale massasauga de l'Est, *Sistrurus catenatus*
  catenatus
cyprès jaune, *Chamaecyparis nootkatensis*
cypripède tête-de-bélier, *Cypripedium arietinum*

dendroctone du pin ponderosa, *Dendroctonus*
  ponderosae
dicrane à balai, *Dicranum scoparium*
dirca des marais, *Dirca palustris*
douglas bleu, *Pseudotsuga menziesii* var. *glauca*
douglas vert, *Pseudotsuga menziesii* var.
  menziesii
droséra à feuilles rondes, *Drosera rotundifolia*
droséra filiforme, *Drosera filiformis*
dryade de Hooker, *Dryas octopetala* subsp.
  hookeriana
durbec des sapins, *Pinicola enucleator*

écureuil fauve, *Sciurus niger*
écureuil volant, *Glaucomys volans*
elliottie à fleurs de pyrole, *Elliottia pyroliflorus*
épervière, *Hieracium* spp.
épigée rampante, *Epigaea repens*
épilobe à feuilles étroites, *Epilobium*
  angustifolium
épinette blanche, *Picea glauca*
épinette d'Engelmann, *Picea engelmannii*

épinette de Sitka, *Picea sitchensis*
épinette du Colorado, *Picea pungens*
épinette noire, *Picea mariana*
épinette rouge, *Pices rubens*
érable à épis, *Acer spicatum*
érable à grandes feuilles, *Acer macrophyllum*
érable à sucre, *Acer saccharum*
érable argenté, *Acer saccharinum*
érable de Norvège, *Acer platanoides*
érable de Pennsylvanie, *Acer pensylvanicum*
érable ginnala, *Acer ginnala*
érable nain, *Acer glabrum var. douglasii*
érable rouge, *Acer rubrum*
érythrone d'Amérique, *Erythronium americanum*

faucon gerfaut, *Falco rusticolus*
faux-gui, *Arceuthobium* sp.
fétuque, *Festuca* spp.
fétuque de Roemer, *Festuca roemeri*
fétuque scabre, *Festuca altaica* subsp. *scabrella*
fraisier des champs, *Fragaria virginiana*
frêne blanc, *Fraxinus americana*
frêne bleu, *Fraxinus quadrangulata*
frêne noir, *Fraxinus nigra*
frêne pubescent, *Fraxinus profunda*
frêne rouge, *Fraxinus pennsylvanica* var. *pennsylvanica*
frêne vert, *Fraxinus pennsylvanica* var. *subintegerrima*
fusain pourpre, *Euonymus atropurpureus*

gaillet à trois fleurs, *Galium triflorum*
gaillet boréal, *Galium boreale*
gainier rouge, *Cercis canadensis*
gaylussaccia à fruits bacciformes, *Gaylussacia baccata*
geai de Steller, *Cyanocitta stelleri*
gélinotte huppée, *Bonasa umbellus*
genévrier commun, *Juniperus communis*
genévrier des Rocheuses, *Juniperus scopulorum*
genévrier de Virginie, *Juniperus virginiana*
genévrier horizontal, *Juniperus horizontalis*
ginseng à cinq folioles, *Panax quinquefolius*
gobemoucheron gris-bleu, *Polioptila caerulea*
grand boutelou, *Bouteloua curtipendula*
grand héron, *Ardea herodias*
grand pic, *Dryocopus pileatus*
grand porte-queue, *Papilio cresphontes*
grande salamandre, *Dicamptodon tenebrosus*
grémil rudéral, *Lithospermum ruderale*
grenouille-à-queue côtière, *Ascaphus truei*
grenouille des bois, *Rana sylvatica*
grenouille du Nord à pattes rouges, *Rana aurora*
grenouille léopard, *Rana pipiens*
grenouille maculée de l'Oregon, *Rana pretiosa*
grenouille maculée du Columbia, *Rana luteiventris*
grizzli, *Ursus arctos*

guillemot marbré, *Brachyramphus marmoratus*
gymnocarpe disjoint, *Gymnocarpium dryopteris* subsp. *disjunctum*

hamamélis de Virginie, *Hamamelis virginiana*
harfang des neiges, *Nyctea scandiaca*
hêtre à grandes feuilles, *Fagus grandifolia*
houx verticillé, *Ilex verticillata*
huîtrier de Bachman, *Haematopus bachmani*
hydrocotyle à ombelle, *Hydrocotyle umbellata*
hylocomie brillante, *Hylocomium splendens*

if de l'Ouest, *Taxus brevifolia*
if du Canada, *Taxus canadensis*

jonc du New Jersey, *Juncus caesariensis*

kalmia à feuilles d'andromède, *Kalmia polifolia*
koelérie à crêtes, *Koeleria macrantha*

lagopède à queue blanche, *Lagopus leucurus*
lézard-alligator boréal, *Elgaria coerulea*
lichens, *Cladoniaceae*
lièvre d'Amérique, *Lepus americanus*
liléopsis de l'Est, *Lilaeopsis chinensis*
linaigrette à feuille étroites, *Eriophorum angustifolium*
linnée boréale, *Linnaea borealis*
liparis à feuilles de lis, *Liparis liliifolia*
lis du Canada, *Lilium canadense*
longicorne brun de l'épinette, *Tetropium fuscum*
lophiolie dorée, *Lophiola aurea*
loup, *Canis lupus*
loutre de mer, *Enhydra lutris*
loutre de rivière, *Lontra canadensis*
lupin soyeux, *Lupinus sericeus*
lynx du Canada, *Felis canadensis*
lynx roux, *Lynx rufus*
lysichiton d'Amérique, *Lysichiton americanum*

macareux huppé, *Fratercula cirrhata*
magnolia acuminé, *Magnolia acuminata*
mahonia à feuilles de houx, *Mahonia aquifolium*
maïanthème du Canada, *Maianthemum canadense*
marmotte des Rocheuses, *Marmota caligata*
marronnier glabre, *Aesculus glabra*
martre d'Amérique, *Martes americana*
mélèze de l'Ouest, *Larix occidentalis*
mélèze laricin, *Larix laricina*
mélèze subalpin, *Larix lyallii*
menziésie ferrugineuse, *Menziesia ferruginea*
mésange à dos marron , *Poecile rufescens*
mésange à tête brune, *Poecile hudsonicus*
mésange à tête noire, *Poecile atricapillus*
mésange de Gambel, *Poecile gambeli*
mésangeai du Canada, *Perisoreus canadensis*
monotrope uniflore, *Monotropa uniflora*

moqueur des armoises, *Oreoscoptes montanus*
moqueur polyglotte, *Mimus polyglottos*
moucherolle vert, *Empidonax virescens*
mouflon d'Amérique, *Ovis canadensis*
mûrier blanc, *Morus alba*
mûrier rouge, *Morus rubra*
myrique de Pennsylvanie, *Myrica pensylvanica*

necture tacheté, *Necturus maculosus*
nerprun cascara, *Rhamnus purshiana*
noisetier à long bec, *Corylus cornuta*
noyer cendré, *Juglans cinerea*
noyer noir, *Juglans nigra*
nyssa sylvestre, *Nyssa sylvatica*

olivier de Bohême, *Elaeagnus angustifolia*
oponce à épines nombreuses, *Opuntia polyacantha*
oponce de l'Est, *Opuntia humifusa*
orignal, *Alces alces*
oriole des vergers, *Icterus spurius*
orme d'Amérique, *Ulmus americana*
orme parasol, cultivar de l'orme de montagne, *Ulmus glabra*
orque, *Orcinus orca*
ostryer de Virginie, *Ostrya virginiana*
ouaouaron, *Rana catesbeiana*
ours noir, *Ursus americanus*
oxalide d'Europe, *Oxalis stricta*

pachistima myrte, *Paxistima myrsinites*
papillon ocellé, *Junonia coenia*
paruline à capuchon, *Wilsonia citrina*
paruline à poitrine baie, *Dendroica castanea*
paruline polyglotte, *Icteria virens*
pékan, *Martes pennanti*
peltigère aphteuse, *Peltigera aphthosa*
peuplier, *Populus* spp.
peuplier à grandes dents, *Populus grandidentata*
peuplier baumier, *Populus balsamifera*
peuplier de l'Ouest, *Populus trichocarpa*
peuplier deltoïde, *Populus deltoides*
peuplier deltoïde de l'Ouest, *Populus deltoides* ssp. *monilifera*
peuplier faux-tremble, *Populus tremuloides*
phlox diffus, *Phlox diffusa*
pic à tête blanche, *Picoides albolarvatus*
pic à ventre roux, *Melanerpes carolinus*
pic maculé, *Sphyrapicus varius*
pic tridactyle, *Picoides tridactylus*
pin à blanche écorce, *Pinus albicaulis*
pin argenté, *Pinus monticola*
pin blanc, *Pinus strobus*
pin flexible, *Pinus flexilis*
pin gris, *Pinus banksiana*
pin noir d'Autriche, *Pinus nigra*
pin parasol du Japon, *Sciadopitys verticillata*
pin ponderosa, *Pinus ponderosa*

pin rigide, *Pinus rigida*
pin rouge, *Pinus resinosa*
pin sylvestre, *Pinus sylvestris* L.
pin tordu, *Pinus contorta* var. *contorta*
pin tordu latifolié, *Pinus contorta* var. *latifolia*
pipit d'Amérique, *Anthus rubescens*
platane occidental, *Platanus occidentalis*
plongeon du Pacifique, *Gavia pacifica*
pluvier bronzé, *Pluvialis dominica*
pommier odorant, *Malus coronaria*
porc-épic d'Amérique, *Erethizon dorsatum*
pourridié, *Armillaria* sp.
pourridié-agaric, *Armillaria ostoyae*
pruche de l'Ouest, *Tsuga heterophylla*
pruche du Canada, *Tsuga canadensis*
pruche subalpine, *Tsuga mertensiana*
prunier noir, *Prunus nigra*
ptéléa trifolié, *Ptelea trifoliata*
purshie tridentée, *Purshia tridentata*
pygargue à tête blanche, *Haliaeetus leucocephalus*

quatre-temps, *Cornus canadensis*

rainette crucifère, *Pseudacris crucifer*
rainette du Pacifique, *Pseudacris regilla*
rainette faux-grillon boréale, *Pseudacris maculata*
rainette-grillon, *Acris crepitans*
rainette versicolore, *Hyla versicolor*
raisin d'ours, *Arctostaphylos uva-ursi*
rat musqué , *Ondatra zibethicus*
raton laveur, *Procyon lotor*
renard roux, *Vulpes vulpes*
ronce du Canada, *Rubus canadensis*
ronce parviflore, *Rubus parviflorus*
ronce remarquable, *Rubus spectabilis*
rouille vésiculeuse, *Cronartium ribicola*

sabatie de Kennedy, *Sabatia kennedyana*

salamandre à longs doigts, *Ambystoma macrodactylum*
salamandre à points bleus, *Ambystoma laterale*
salamandre cendrée, *Plethodon cinereus*
salamandre de Jefferson, *Ambystoma jeffersonianum*
salamandre pommelée, *Aneides ferreus*
salamandre tigrée, *Ambystoma tigrinum*
sapin baumier, *Abies balsamea*
sapin gracieux, *Abies amabilis*
sapin grandissime, *Abies grandis*
sapin subalpin, *Abies lasiocarpa*
sarigue, *Didelphis virginiana*
sarracénie pourpre, *Sarracenia purpurea*
sassafras officinal, *Sassafras albidum*
saule brillant, *Salix lucida* ssp. *lucida*
saule de Bebb, *Salix bebbiana*
saule discolore, *Salix discolor*
saule du Pacifique, *Salix lucida* ssp. *lasiandra*
saule noir, *Salix nigra*
saule pleureur doré, *Salix alba* var. *vitellina*
saumon coho, *Oncorhynchus kisutch*
saumon kéta, *Oncorhynchus keta*
saumon quinnat, *Oncorhynchus tshawytscha*
saumon rose, *Oncorhynchus gorbuscha*
saumon rouge, *Oncorhynchus nerka*
saxifrage cespiteuse, *Saxifraga caespitosa*
scinque de l'Ouest, *Eumeces skiltonianus*
scinque pentaligne, *Eumeces fasciatus*
scolytes, *Scolytidae*
séquoia géant, *Sequoiadendron giganteum*
shépherdie du Canada, *Shepherdia canadensis*
sittelle à poitrine blanche, *Sitta carolinensis*
smilacine à grappes, *Maianthemum racemosum*
sorbier, *sorbus* sp.
sorbier des oiseleurs, *Sorbus aucuparia*
souris sylvestre, *Peromyscus maniculatus*
spermophile du Columbia, *Spermophilus columbianus*
sphaignes, *Sphagnum* sp.

spirée de Douglas, *Spiraea douglasii*
spirée septentrionale, *Spiraea septentrionalis*
spongieuse, *Lymantria dispar*
sumac à vernis, *Toxicodendron vernix*
sumac de l'Ouest, *Toxicodendron diversiloba*
sumac grimpant, *Toxicodendron radicans*
sumac vinaigrier, *Rhus typhina*
sureau blanc, *Sambucus canadensis*
sureau bleu, *Sambucus cerulea*
symphorine de l'Ouest, *Symphoricarpos occidentalis*

tamia amène, *Tamias amoenus*
tarin des pins, *Carduelis pinus*
tétras du Canada, *Falcipennis canadensis*
thé du Labrador, *Ledum groenlandicum*
thuya géant, *Thuja plicata*
thuya occidental, *Thuja occidentalis*
tiarelle cordifoliée, *Tiarella cordifolia*
tilleul à petites feuilles, *Tilia cordata*
tilleul d'Amérique, *Tilia americana*
tortue des bois, *Clemmys insculpta*
tortue-molle à épines de l'Est, *Apalone spinifera*
tortue mouchetée, *Emydoidea blandingii*
tortue peinte de l'Est, *Chrysemys picta picta*
tortue peinte de l'Ouest, *Chrysemys picta belli*
tortue ponctuée, *Clemmys guttata*
tortue serpentine, *Chelydra serpentina*
trille à feuilles ovées, *Trillium ovatum*
trille blanc, *Trillium grandiflorum*
trille rouge, *Trillium erectum*
triphore penché, *Triphora trianthophora*
triton rugueux, *Taricha granulosa*
troglodyte de Caroline, *Thryothorus ludovicianus*
tulipier de Virginie, *Liriodendron tulipifera*

viorne comestible, *Viburnum edule*
viorne flexible, *Viburnum lentago*

wapiti, *Cervus elaphus*

REMERCIEMENTS

Nous désirons remercier Ressources Naturelles Canada dont le personnel a passé en revue certaines parties du manuscrit : **Bob Burt, Ian D. Campbell, Jennifer Dunlap, Jacques Gagnon, Peter Hall, Yvan Hardy, Bradley Henry, Gordon Miller, David Tuck** et **Maureen Whelan**, de l'administration centrale d'Ottawa (AC); **Tom Murray, Janice Campbell** et **Gerrit D. van Raalte**, du Centre de foresterie de l'Atlantique (CFA) à Fredericton, au Nouveau-Brunswick; **Ken Baldwin**, du Centre de foresterie des Grands Lacs (CFGL) à Sault Ste. Marie, en Ontario; et **Art Shortreid, Bill Wagner** et **Roger Whitehead**, du Centre de foresterie du Pacifique (CFP) à Victoria, en Colombie-Britannique. Des remerciements vont également à **Michael Rosen** de la Fondation canadienne de l'arbre qui a examiné le chapitre décrivant la forêt urbaine.

Le groupe de travail du SCF pour le projet était composé de **Joseph Anawati, Jennifer Dunlap, Brian Haddon** et **André Rousseau** (AC); **Lynda Chambers** (CFP); **Russ Bohning**, du Centre de foresterie du Nord (CFN) à Edmonton, en Alberta; **Pamela Cheers** et **Joan Murphy**, du Centre de foresterie des Laurentides (CFL) à Sainte-Foy, au Québec; **Guy Smith** (GLFC); et **Tom Murray** (AFC). Leurs conseils dans la phase initiale du projet nous ont été très utiles. Nous avons en outre bénéficié de conseils techniques précieux de **Bill Meades** du CFGL ainsi que d'**Edward Szakowski** et de **Jacques Trencia** de l'AC.

Derek Sidders, du CFN, et **Gaetan Pelletier**, Directeur forestier de la J.D. Irving Limited de Saint-Léonard, au Nouveau-Brunswick, ont assisté sur le terrain le photographe J. David Andrews. **Lizanne Gosselin**, de Vancouver, en Colombie-Britannique, a guidé l'auteur dans le repérage des points de vue urbains. Une reconnaissance toute spéciale s'adresse à **Tom Murray** de l'AFC et **Guy Smith** du CFGL pour la documentation destinée aux photographes indépendants. **Benoît Arsenault**, du CFL, **Stéphane Leroy**, Directeur du Marketing des appareils amphibies chez Bombardier Aéronautique, à Montréal au Québec, ainsi que **Debra Wortley** et **Rob Bales**, attachés respectivement à la Direction de l'aménagement forestier et au ministère du Tourisme et de la Culture dans le gouvernement du Yukon, à Whitehorse, nous ont aidé à découvrir les photos d'archives pertinentes.

Nous tenons également à remercier les personnes suivantes : **Josef Cihlar** et **Rasim Latifovic** du Centre canadien de télédétection de Ressources naturelles Canada à Ottawa, qui nous ont communiqué la carte satellitaire de la couverture terrestre du Canada en versions numériques appropriées pour cette publication; **Marc Favreau**, du Bureau de la traduction de Travaux publics et Services gouvernementaux Canada, à Montréal, qui a généreusement donné ses conseils pour la traduction des textes et des noms de plantes et dont les connaissances en botanique ont contribué à la qualité de cette publication en anglais et en français; et **Jacques Gagnon**, du Service canadien des forêts, à Ottawa, qui a apporté son savoir-faire et son énergie dans les phases initiales et terminales du projet.

CRÉDITS PHOTOGRAPHIQUES

J. David Andrews
p. 5; p. 10, en bas; p. 13; p.16 à 35; p. 36, © J. David Andrews; p. 38 à 42; p. 43, à gauche, © J. David Andrews; p. 43, à droite; p. 44 à 51; p. 54 à 55; p. 58, en bas; p. 60; p. 62 à 63; p. 64, en haut, © J. David Andrews; p. 66 à 67; p. 68, à gauche; p. 71 à 84; p. 88; p. 90 à 91; p. 114 à 115; p. 130 à 133; p. 136 à 137; p. 139 à 141.

Lenard Sanders
p. 6; p. 85 à 87; p. 89; p. 92 à 103; p. 105 à 113; p. 116, en bas; p. 117; p. 119 à 120; p. 122 à 125; p. 126, à gauche; p. 128, en haut et en bas; p. 129, en haut; p. 138.

Roberta Gal
p. 10, en haut; p. 52 à 53, © Roberta Gal; p. 64, en bas; p. 104; p. 116, en haut; p. 118; p. 121; p. 127; p. 128, à droite; p. 134, en haut; p. 134, en bas, © Roberta Gal; p. 135.

David Barbour
p. 56 à 57; p. 58, en haut; p. 59; p. 61; p. 65; p. 68, à droite; p. 69 à 70.

Archives nationales du Canada
p. 8, Archives nationales du Canada, Ottawa (Versement N° R9266-278), Peter Winkworth Collection de Canadiana; p. 9, en haut, H. Peters, Archives nationales du Canada, PA-135750; p. 9, en bas, Office national du film du Canada, Photothèque/Archives nationales du Canada, PA-116932.

Bombardier Aéronautique
p. 11, © Bombardier Aéronautique, photo de Cliff Symons.

Gouvernement du Yukon
p. 37, © Gouvernement du Yukon, photo de Robin Armour.

International Forest Products Limited
p. 126, à droite, © International Forest Products Limited, photo de Katrina Sutcliffe.

INDEX